SUA CAUSA MERECE MAIS

CRIS CAMARGO

SUA CAUSA MERECE MAIS

COMO GERIR NEGÓCIOS SEM
FINS LUCRATIVOS DE MANEIRA
ÉTICA, EFICIENTE E
SUSTENTÁVEL

PRIMAVERA
EDITORIAL

Dedico este livro à pessoa que mais me ensina, me desafia e me transforma diariamente: minha amada filha, Valentina.

SUMÁRIO

Prefácio 9

Você merece uma causa 15

Missão que exige boa gestão 23
Administração: nunca será demais estudar e revisar 27

Não estamos (tão) sós 35
O que significa ser sem fins lucrativos 45
Inspirados pelo terceiro setor 49
Será que estamos preparados para o crescimento? 52
Somos muitos e tendemos a ser ainda mais 55

Pontapé inicial 63
Estipulando as regras do seu jogo 66
Estatuto de Associação 69
Estatuto de Fundação 74
É uma ONG, OS ou OSCIP? 80
O sucesso começa com uma boa direção 83

Sustentabilidade financeira 89
Receitas – produtos e serviços 93
Receitas eventuais com produtos e serviços 96
Receitas – projetos emergenciais 101
Capital de giro mantém seu projeto funcionando 103
Planilhas na mão, de olho na missão 110

Faça o que é certo, mesmo que ninguém esteja olhando 115
Princípios básicos de uma conduta ética 119
Rotinas e a prática da integridade, da ética e do *compliance* 121

Não basta ser, é preciso comunicar o que você é 127
Fale a respeito e materialize os seus valores 129
Deixe claro a forma de captação de recursos 133
Expectativas de curto prazo e ajustes de rota 135
Comunique sua visão de futuro 136
A mensagem certa para cada um 138
Prepare bem os porta-vozes da sua organização 141
Cuidado com os apaixonados pela sua causa 144
Crises de comunicação: como lidar? 147

Um time forte para executar a sua missão 155
Gerenciando sua própria equipe 158
Paixão pela sua causa é importante, mas não é tudo 161
Defina e esclareça sua cultura de trabalho 163
Atenção com a remuneração e com a progressão de carreira 165
Retenção precisa de atenção 168
Prevenir é melhor que remediar 171
Gerenciando o trabalho de equipes voluntárias 173
Moedas de troca para facilitar cobranças mais efetivas 184

Como se relacionar com o poder público 191
Relação com Governos 196
Relações Governamentais e a escala do impacto 202

Foque no G de ESG 209
Importante para o setor privado, essencial para o terceiro setor ... 213
Cada iniciativa faz seu próprio ESG 215
O que não pode faltar: boa estrutura de gestão 216
Atenção para a sua independência ideológica 219

Sua causa merece mais 227

Molde e seja moldado 239

Saiba Mais 245

Agradecimentos 255

PREFÁCIO
O mundo dos negócios carece de pessoas

É uma observação própria que faço a partir de uma perspectiva: estamos imersos e diante de contextos executivos de lideranças de muita obediência e de pouca coragem. Quando estávamos atravessando os períodos de maior turbulência, desejamos que a pandemia de covid-19 nos deixasse também como legado um número maior de pessoas conscientes e comprometidas com as causas humanas, próprias ou mesmo da comunidade, quiçá da humanidade. Na contramão, assistimos a outros recordes: número de reuniões semanais mais do que dobraram, houve um aumento de 45% em conversas pelo Teams, de pelo menos 66% de documentos, e números recordes de aumento de trocas de e-mails. Fomos forçosamente "parados" mas, ainda assim, perdemos uma oportunidade única de percebermos o mundo à nossa volta de forma mais consciente e, com isso, refletirmos sobre o propósito de ainda estarmos vivos.

Cris Camargo, autora deste livro, é uma dessas pessoas imparáveis que conheço, alimentada e desafiada pelo seu propósito de fazer prosperar traços de uma nova cultura organizacional que propõe o resgate do ser humano aliado à otimização da criação de riquezas de forma sustentável e, portanto, o resgate da felicidade.

Hoje, mergulhamos cada vez mais fundo em conceitos como Indústria 4.0, realidades mistas, 5G, nanotecnologias, robótica, inteligência artificial, discutimos recorrentemente sobre efeitos de tecnologias que pouco conhecemos e passamos a adotar o acrônimo ESG como pílulas matinais para alcance da longevidade das nossas lideranças e de empresas mundo afora. Estamos imersos em modelos de negócios que sofrem impactos importantes e transformadores globalmente, e pergunto: quantas pessoas você conhece que sabem o que é e vivem diariamente seu Propósito Massivo e Transformador (PMT) em seu ambiente de trabalho? É possível que você tenha pensado em lideranças proeminentes ou mesmo em organizações do terceiro setor, porque provavelmente essa "turma do propósito" deve estar reunida nessa tribo.

A boa nova é que aquela "galera gente boa do terceiro setor" vive e age a partir do PMT há décadas, mas a triste notícia é que, se você ainda não sabe o que isso significa na teoria e/ou na prática, é chegada a hora de avaliar intimamente a razão pela qual você faz o que faz, e o quanto seus negócios são efetivamente sustentáveis.

As empresas, os negócios, as soluções e as tecnologias do futuro cobram de você coragem. Sendo a maior delas a de admitir as suas próprias obsolescências. O chamado urgente é para que todas as organizações tenham modelos de gestão de seus negócios sustentados em ética, impacto e reponsabilidade. E aqui não há limitadores por setor, nem por indústria. Precisamos utilizar o terceiro setor como ferramenta-chave entre empresas com fins lucrativos e as necessidades de equilíbrio e impactos positivos na sociedade. Ora, e se nós, indivíduos, fazemos as nossas organizações, também não há limitadores para que você ou eu sejamos necessariamente éticos, responsáveis pelas nossas ações e agentes de impacto positivo. Mas para que isso aconteça, é preciso catalisar bons administradores voltados às boas práticas de gestão, acreditando que recursos financeiros podem – e devem – ser combustível para alcançar os impactos sociais ideais.

É preciso agir, é preciso coragem – e este livro pode ser seu guia inicial nessa trajetória.

Ana Virgínia Carnauba
Head of Corporate Education
Deloitte Touche Tohmatsu

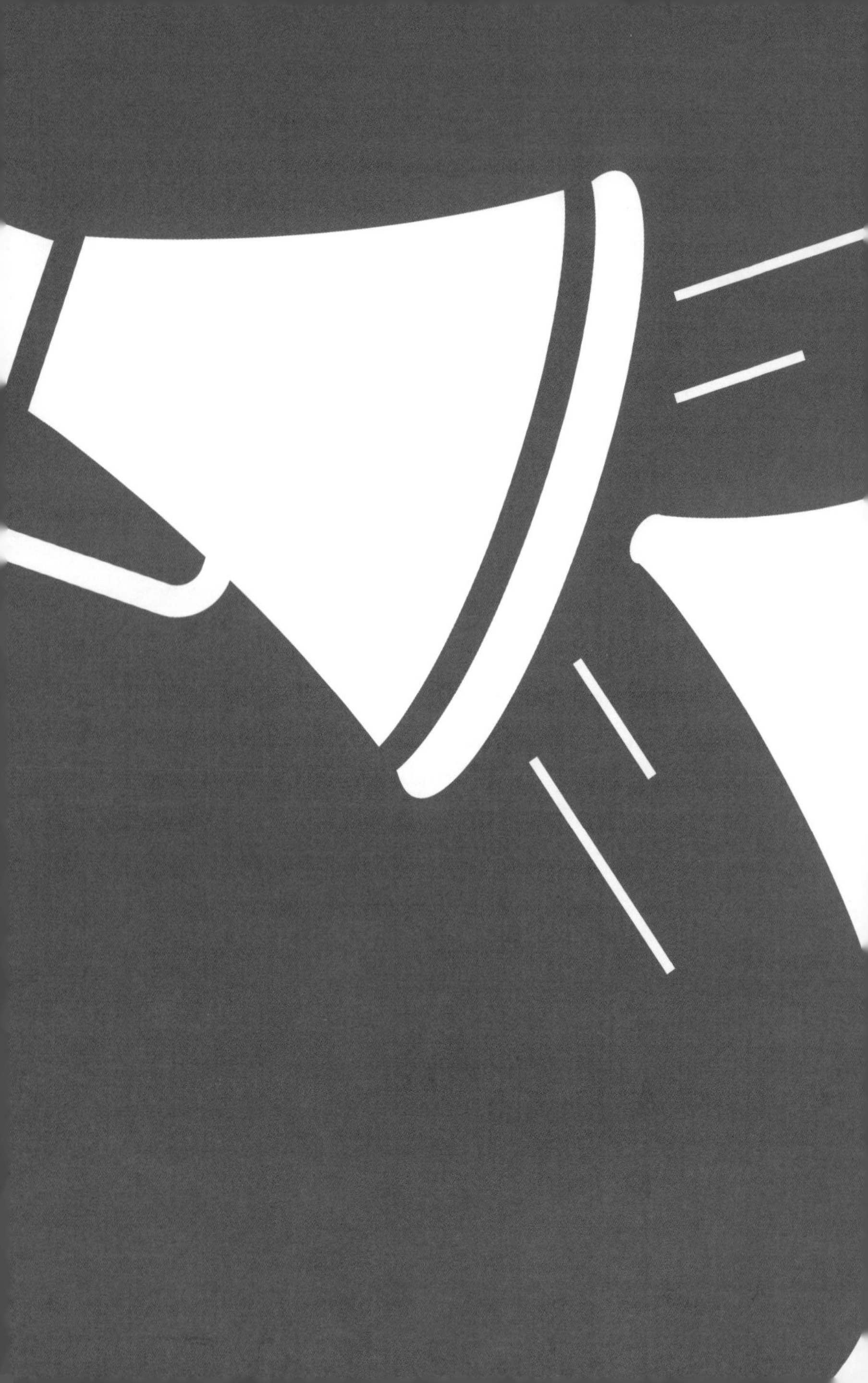

> **"O HOMEM É ELE E AS SUAS CIRCUNSTÂNCIAS."**
> – José Ortega y Gasset

VOCÊ MERECE UMA CAUSA

O ambiente não podia ser mais clássico. Uma mesa rodeada de colegas de trabalho, todos muito bem vestidos, bem-sucedidos, profissionais com excelentes salários, empregados por uma empresa brilhante, em um momento de plena ascensão.

Foi naquele encontro que fomos informados que uma colega supercompetente, talentosa e bem relacionada havia optado por pedir demissão para buscar algo com mais propósito. Ela assumiria o posto de CEO em uma organização não governamental muito admirada por empreendedores.

A notícia causou surpresa. Era raro ver alguém com tanto potencial, com a vida profissional toda pela frente, fazer uma transição para o terceiro setor. De todo modo, tinha ficado feliz por ela, mas, sinceramente, também não entendia direito o porquê daquela decisão, considerando que ela teria tantas oportunidades melhores em empresas.

No dia seguinte, em uma reunião de equipe, um colega perguntou ao nosso chefe em comum sobre o paradeiro dessa colega.

"A última notícia que tive é que ela foi atuar em uma ONG", disse o chefe, lembrando a reunião da véspera.

"Nossa, jura? Uma ONG?", questionou, boquiaberto, um dos interlocutores.

Todos riram e comentaram, com um misto de desprezo, preconceito e dó, aquela transição profissional, como se aquela colega estivesse enterrando a própria carreira. Como se aquele trabalho fosse uma aposentadoria precoce, um desperdício do seu potencial brilhante e do seu futuro profissional.

Eu estava naquela conversa. E eu ri, assim como os demais. Um riso que hoje me incomoda e me irrita profundamente, por me lembrar não só da minha imaturidade da época, mas da minha ingenuidade sobre o que é trabalhar com negócios sem fins lucrativos.

Mais de 15 anos depois do episódio, refletindo com mais profundidade sobre os comentários maldosos que fiz e ouvi, entendo que nenhum de nós tinha noções de propósito e de causa, nossos dias eram guiados pelos valores financeiros, por alcançar metas e por vender mais.

Aquela colega, que hoje tenho o orgulho de ter como uma grande amiga, era a única naquele momento que tinha uma inquietude constante em suas falas, crenças e ideais de vida. Ela conseguia estampar um brilho inigualável nos olhos em tudo o que fazia, atuando com competência e disposição para aprender e se reinventar a cada passo.

Conversas como essa que azedou dentro de mim não pararam de acontecer. Diálogos rodeados de sentimentos de pena, de desgosto, quase de pêsames por fulano ou sicrano que "poderia ter feito algo melhor do que ir para o terceiro setor" continuam acontecendo em mesas de reunião, rodas de *networking* e nos almoços de domingo das famílias. Perguntas que a princípio parecem inocentes e interessadas, muitas vezes refletem preconceito e desconhecimento.

"Por que você não sai dessa associação e vai trabalhar em uma empresa 'de verdade'?", questionam alguns, como se o trabalho que se faz no terceiro setor fosse menor. "Mas além dessa ONG, onde mais você trabalha? Qual é o seu emprego de todos os dias?", tentam saber outros, como se a nossa atuação profissional não fosse "trabalho" o suficiente. "Ah, então quer dizer que você ganha SÓ pra fazer isso", concluem mais alguns, indiretamente desfazendo da dedicação que cada profissional coloca na sua atuação em instituições sem fins lucrativos. "Que bom trabalhar numa associação, né? Muito melhor ter tempo sobrando e qualidade de vida", como se o dia a dia fosse simples ou, ainda, como se equilíbrio e qualidade de vida não fossem necessários ao mercado como um todo.

Enquanto escrevo este livro, completo nove anos de história dedicada exclusivamente a uma associação de classe, o IAB Brasil, que é um negócio sem fins lucrativos. Essa quase uma década de atuação não teve seu início motivado exatamente naquele desconforto da conversa sobre a colega supercompetente que deixou aquele modelo de negócios para trás. Eu ainda não tinha consciência sobre sua amplitude, de como poderia dedicar minha *expertise* para impactar a sociedade de maneira positiva.

Essa jornada começou a partir da minha vontade de empreender e, por que não, de vencer os preconceitos que um dia ajudei a perpetuar. Queria superar os olhares "piedosos" que subjugam aqueles que fazem parte do terceiro setor. Queria demonstrar que esses "torcedores do apocalipse" estão errados: atuar em uma associação, ONG ou fundação não é "fim de carreira". Pelo contrário, pode ser o começo de uma nova e longa atuação profissional, porém guiada por novas balizas, outras missões, por diferentes valores e objetivos.

Muito do conhecimento de administração de empresas que aplicamos no mundo corporativo segue sendo perfeitamente aplicável para gerir um negócio de impacto de maneira exemplar. A única diferença é que o "lucro" almejado por uma fundação, ONG, associação ou um clube é alcançar o propósito de seu surgimento, com a manutenção da sua missão.

Lucro para um clube de futebol é continuar mantendo juntos e felizes os torcedores de um mesmo time. Alcançar a meta para uma associação de moradores de um bairro é fazer aquela convivência ser mais agradável, promovendo segurança e bem-estar para os residentes daquela região. Os melhores dividendos que uma associação de classe pode trazer aos seus associados são melhorias para o setor, como a geração de empregos, negócios sustentáveis ou a determinação de parâmetros éticos e legais para a sua atuação.

Como Simon Sinek, renomado professor de Direito da Universidade de Londres, sugere ao terceiro setor: "parem de se definir por aquilo que vocês não são e passem a mostrar o que vocês realmente são. Vocês não são meros negócios SEM fins lucrativos, vocês são negócios COM impacto social".

Foi nessa mistura de sentimentos e racionalizações, de aplicações e adaptações de teorias da administração na prática do terceiro setor, que este livro foi forjado. Acredito, de verdade, que não são só as causas que merecem mais dedicação, mais profissionalismo, mais organização e melhores gestões; profissionais qualificados e dedicados como você também merecem uma causa, um propósito, um motivo para levantar da cama e aplicar seus conhecimentos em prol de um bem maior. E tudo isso pode acontecer sem que seja preciso abandonar as bases do conhecimento de administração ou se sentir aposentado precocemente, jogando a própria carreira pela janela, ou sem conseguir pagar as próprias contas no fim do mês.

Escrevo este livro não só pensando na Cris Camargo de uma década atrás, com garra para fazer acontecer, mas sem um manual de como melhorar as práticas desse mercado essencial para uma sociedade avançada e desenvolvida. Nem todas as pessoas começam no terceiro setor pelo mesmo caminho que comecei. Nem todas as organizações sofrem dos mesmos males, mas, com este livro, pretendo auxiliar as que sofrem com os preconceitos para com o terceiro setor e com as dificuldades iniciais de gestão.

Cada tema aqui abordado destaca pilares e conceitos importantes para uma boa gestão do terceiro setor, pensado para apoiar quem está em uma jornada semelhante: líderes que se sentem solitários na gestão de um negócio de impacto e que não só querem fazer o bem, mas fazê-lo direito. Profissionais que comandam negócios desafiadores e complexos, mas que não devem ser classificados às margens do que acreditamos ser competência e sucesso por não devolverem rios de dinheiro em espécie aos seus investidores. Profissionais que, como todos os outros, tentam fazer melhor todos os dias, mas que parecem não encontrar força em seus pares. Pessoas que querem mudar a sociedade, encontrar oportunidades de trabalho no terceiro setor, mas têm medo dessa imagem falida, assistencialista e de "fim de carreira".

Como em toda caminhada, o segredo está no ímpeto de dar um primeiro passo, na revisão dos nossos conceitos, na disposição para aprender coisas novas, desaprender preconceitos e revisitar a forma como nos posicionamos no mundo. Quem sabe, ao final desta leitura, você consiga encontrar dentro de si os motores para (re)começar.

Boa leitura!

MISSÃO QUE EXIGE BOA GESTÃO

Não vou mentir para vocês: trabalhar em uma empresa sem fins lucrativos, que é movida 100% pelo propósito, não é nada fácil.

Mas eu já trabalho em uma empresa com propósito, você pode pensar. Hoje, uma infinidade de empresas investe milhões de reais para encontrar um propósito. Companhias que vendem pasta de dente declaram existir para o bem da saúde bucal, fabricantes de margarina garantem que podem fazer o dia a dia das famílias mais feliz, enquanto marcas de refrigerante prometem relaxamento imediato a partir da abertura de latinhas, e marcas automotivas juram que, ao colocarem as mãos nos volantes, as pessoas poderão, finalmente, se sentir livres e autônomas.

Todas essas companhias encontraram um propósito para andar lado a lado com a sua missão real-oficial: vender mais pasta de dente, levar mais potes de margarinas aos lares, abrir mais latas de refrigerante no fim de dias pesados e aumentar o número de veículos automotores nas estradas aos finais de semana, de forma que possam vender seus produtos e serviços e entregar resultados financeiros aos acionistas.

Trabalhar para uma causa, para uma entidade que tem como objetivo primordial causar uma transformação social, não é trabalhar COM impacto, mas, sim, PELO impacto, para causar o impacto. No terceiro setor, a eficiência é medida pelo quão perto de alcançar a missão aquele time está.

Aqui trago o olhar construído com a minha trajetória. Quem vem de uma atuação no mercado corporativo tradicional, conhecido também como segundo setor, pode achar esquisito e questionar o conceito de eficiência em negócios movidos por causas, que têm o objetivo de serem transformadores, impactantes. O questionamento é normal e é reflexo também dos preconceitos que ainda rondam as instituições sem fins lucrativos, que em muitos casos ainda são vistas como empresas com menos "racionalidade", objetividade e eficiência, por não terem como objetivo primordial o lucro que gera dividendos aos seus sócios. Paira sobre os negócios sem fins lucrativos essa aura de que são improdutivos, menos rigorosos com a prestação de contas, obsoletos ou mais suscetíveis à corrupção.

Outro conceito comum que corrobora com esses preconceitos é o simples fato que vivemos em uma sociedade capitalista, cujo princípio básico e valor comum a todos é o dinheiro. Ele vale, e isso não é subjetivo. Logo, recompensar pessoas com dinheiro é algo que não deixaria ninguém insatisfeito, ou melhor, ele se tornou um valor tão poderoso, que faz com que as pessoas relativizem outros valores essenciais que estão na mesa – dos quais muitos até abrem mão.

No segundo setor, o que você ganha estará na conta do banco. A lógica é que, quanto mais você trabalha, inova, explora, mais você poderá multiplicar o valor recebido. A competitividade gera resultados financeiros crescentes, mas isso não é o que endossa o conceito de resultado do terceiro setor. Na prática, os negócios de impacto mais bem-sucedidos contam com pessoas talentosíssimas, que fazem uma gestão primorosa, lidando com obstáculos por vezes mais desafiadores do que atingir as metas de vendas ou trazer mais conveniência para os consumidores.

Ouso dizer que algumas administrações de empresas sem fins lucrativos chegam a ser mais criteriosas do que o segundo setor. Isso acontece porque um erro de gestão no mundo corporativo pode afetar os bolsos dos sócios, dos investidores ou o bônus de PLR (Participação nos Lucros ou Resultados) das equipes, mas, no terceiro setor, pode ser decisivo para a sobrevivência daquela causa. Se não for bem administrada, uma iniciativa sem fins lucrativos pode deixar de existir e, portanto, não atingir seu propósito de transformar vidas. É mais do que perder um emprego ou falir uma empresa. É perder a batalha de impactar a sociedade e transformá-la por meio do que vale a pena, por uma causa especial.

Administração: nunca será demais estudar e revisar

Lembra aquela colega que fez sua transição de carreira para uma ONG? Tantos anos depois, acredito que aquele perfil de profissional comprometida, experiente e focada em fazer acontecer era exatamente o que aquela causa precisava. Com uma administração robusta, uma gestão cuidadosa, que entende a importância de uma boa governança, a definição de processos e diretrizes de éticas e a formação de times fortes e bem treinados, uma organização sem fins lucrativos pode crescer, se desenvolver e efetivamente causar transformações.

A prática me mostrou que as teorias básicas da administração de empresas não "perdem a validade" nem a importância ao serem aplicadas aos negócios de impacto no terceiro setor. Ainda que você não saiba os nomes técnicos, os princípios são os mesmos para qualquer setor, inclusive o nosso: é preciso entender o conceito por trás de ter dinheiro para conseguir pagar as contas, para cobrir riscos, saber o quanto custa o funcionamento mensal da empresa, diferenciar despesas gerais e específicas de cada projeto, calcular o tempo de sobrevivência da entidade em caso de falta de receita por um período, calcular o tamanho do "tombo" se um funcionário entrar com processo trabalhista, compreender as leis que regem a sua área de atuação, entre outros. A diferença, na verdade, é que o "lucro" almejado pelas empresas sem fins lucrativos é o impacto e a transformação social que essas iniciativas se propõem a causar.

Foi um longo processo desde os riscos de preconceito para com a minha colega em sua transição de carreira até a consciência que tenho hoje. A cada etapa, fui construindo novos conceitos, substituindo os preconceitos por estudos, diálogos, conversas e leituras, descobrindo inúmeros autores, pesquisadores e historiadores que tratam o terceiro setor com a seriedade que ele merece, analisando e observando sua capacidade de ser eficiente e eficaz na transformação social.

Nossa sociedade se beneficia dos empreendimentos em todos os setores – desde o primeiro setor, que concentra instituições do governo, passando pelo segundo setor, que concentra as empresas com fins lucrativos, até o terceiro setor, que abraça todas as iniciativas que não são do governo e não têm como objetivo gerar dividendos financeiros aos seus sócios.

Não existe empresa certa ou errada. Conforme seus objetivos, cada empresa nasce com uma estrutura e uma proposta. Iniciativas criadas com o objetivo de gerar lucro sobre a comercialização de produtos ou serviços serão guiadas por esse fim, e podem (ou não) trazer consigo algum propósito ou benefício social, enquanto as iniciativas sem fins lucrativos já nascem com a consciência de que o lucro não é o fim da linha. Os investimentos financeiros são ferramentas para alcançar propósitos dos mais diversos, que podem ser tangibilizados em benefícios sociais, melhorias estruturais ou ambientais.

Causas é o que não falta no mundo. Basta olhar atentamente às principais mensagens da publicidade e da mídia para perceber que vivemos um momento que traz uma enorme relevância para a necessidade de transformações sociais, seja nos cuidados com o meio ambiente, no combate à miséria, na educação, na saúde, entre tantas outras. Muitas dessas preocupações, inclusive, aparecem elencadas em um dos 17 objetivos de desenvolvimento sustentável que a ONU definiu em 2015, como um apelo global para que fosse possível garantir que todas as pessoas, em todos os lugares do mundo, pudessem ter paz e prosperidade.

Contudo, preocupações como manter a água potável e saneamento, promover consumo e produção responsáveis ou garantir trabalho crescente e crescimento econômico das nações têm dificuldade de estar no centro das atenções da indústria tradicional, porque nem sempre estão diretamente associados com oportunidades de gerar lucro financeiro. Em muitos casos, cuidar de um desses assuntos exige "cortar na própria carne", abdicando de uma parcela dos lucros e dividendos em prol da coletividade, o que é difícil de acontecer em companhias com fins lucrativos.

O desafio é tão grande, que a comunidade internacional tem feito um enorme esforço para estabelecer políticas específicas para medir e acompanhar a evolução das empresas em, ao menos, *tentar* se adequar a essas causas. Parte dessas políticas ficaram conhecidas sob a sigla de ESG, acrônimo para a expressão em inglês *Environment, Social and Governance*, que engloba preocupações com o meio ambiente, os impactos sociais e a governança das empresas. Esse cuidado (ou tendência) tem se refletido em regulamentações internacionais e nacionais, como a nova lei das licitações[1] (n. 1433/21) que, além de organizar como devem ser feitos os processos de compra e ou de contratações, exige que sejam realizados estudos e apresentadas medidas para compensação de impactos ambientais durante a fase preparatória das contratações[2]. Outro exemplo disso é a movimentação dos estados que compõem a União Europeia, que têm pressionado as empresas a nomear mulheres para pelo menos 40% dos cargos de diretoria não executiva ou 33% de todos os cargos do conselho até 2027[3].

Isso tudo tem praticamente forçado as indústrias privadas com fins lucrativos (o segundo setor) a operar sob lógicas que, se não forem capazes de proteger, que ao menos possam não piorar a situação no que

---

[1] Oficialmente conhecida como lei n. 14.133, de 1º de abril de 2021, que define as normas gerais de licitações e contratações na administração pública. Disponível em: http://www.planalto.gov.br/ccivil_03/_ato2019-2022/2021/lei/L14133.htm.

[2] Esta exigência fica explícita no artigo 18, parágrafo 1º, inciso XII da lei n. 14.133, conforme frisou o mestre em Direito Andre Bonat Cordeiro em artigo ao *Conjur*. Disponível em: https://www.conjur.com.br/2021-jul-23/andre-cordeiro-lei-licitacoes-incentivos-esg.

[3] Dados divulgados em reportagem da *Reuters* de março de 2022. Disponível em: https://www.reuters.com/business/eu-gives-initial-agreement-board-quotas-women-more-talks-needed-2022-03-14.

diz respeito ao cuidado com meio ambiente, impacto social e governança.

Ainda que grande parte do impulso, notícias e movimentações para o estabelecimento das Políticas Globais de ESG tenham movimentado, principalmente, o segundo setor, esses mesmos conceitos devem ser aplicados ao terceiro setor, uma vez que somos um importante instrumento democrático para garantir que a economia e a sociedade se desenvolvam de maneira saudável.

E, como em um ciclo vicioso, as associações, instituições, fundações e organizações sem fins lucrativos têm muita dificuldade de desfazer os preconceitos que recaem sobre o setor, que, em sua maioria, ainda não é visto como capaz, eficiente, eficaz e relevante, porque ainda faltam bons gestores, comprometidos não só com as causas e missões de cada iniciativa, mas também com uma gestão bem feita, bem organizada e com uma operação sustentável.

Muitas vezes movidas por mentes e corações apaixonados pela missão – pessoas essenciais na jornada de qualquer iniciativa sem fins lucrativos, inclusive –, a ausência de comprometimento com uma boa administração ainda promove e mantém o estigma de que associações, ONGs, institutos e fundações são locais para "profissionais em fim de carreira" ou quem está em um momento complicado, sem condições de se posicionar em melhores colocações no mercado de trabalho.

Essa percepção de que os profissionais dedicados a causas e negócios de impacto o fazem como uma espécie de voluntariado, um trabalho parcial ou, pasme!, como um subemprego temporário, acaba, muitas vezes, afugentando o envolvimento de excelentes profissionais de administração. É o que chamo de uma "profecia autorrealizável": o preconceito afasta profissionais gabaritados que poderiam transformar a gestão daquele negócio sem fins lucrativos em uma iniciativa sustentável e, sem eles, a administração da causa não avança como deveria, de modo que as iniciativas ficam desorganizadas e, por consequência, não conseguem causar o impacto que almejam.

Como interromper esse ciclo negativo e alavancar a gestão do terceiro setor? Acredito que uma das formas de se fazer isso é apoiar os atuais e futuros administradores de iniciativas sem fins lucrativos. É possível capacitar e dar suporte a esses profissionais para que eles possam realizar um bom trabalho e possam aos poucos refinar a gestão das suas causas, com mais eficiência, ética, transparência e até competitividade. Desse modo, pouco a pouco, os preconceitos vão cair por terra, os profissionais gabaritados vão se interessar em fazer uma transição, as causas vão prosperar e, veja só, poderemos transformar nossas realidades.

Este é o momento em que preciso suspender meu lado cético um pouco para me deixar imaginar que esse mundo é possível. Ou, como diria a canção, você pode até dizer que eu sou uma sonhadora, mas eu não sou a única.

NÃO ESTAMOS (TÃO) SÓS

Você já deve ter reparado que as preocupações das empresas com o impacto social aumentaram muito nos últimos anos. Segundo o pesquisador Aron Belinky[4], da Fundação Getulio Vargas (FGV), é quase como se tivéssemos sido inundados por um "tsunâmi" chamado ESG.

Apesar disso, o interesse em cuidar do impacto social dos negócios e de encontrar maneiras de transformar a sociedade por meio de negócios de impacto não é algo tão recente assim, e nem feito por poucas pessoas.

De acordo com os dados mais recentes do IBGE[5], até 2016 existiam mais de 2,2 milhões de profissionais empregados nas mais de 237 mil fundações e associações sem fins lucrativos presentes em todo o país. Ainda que representem pouco mais de 4% de todas as organizações listadas no Cadastro Central de Empresas brasileiras, essas iniciativas têm um importante papel social a representar, especialmente em sociedades mais desenvolvidas, como parte do chamado terceiro setor.

---

4 Em matéria da *Folha de S. Paulo*, em dezembro de 2021. Disponível em: https://www1.folha.uol.com.br/mercado/2021/12/esg-pode-ofuscar-agenda-ampla-de-sustentabilidade-diz-pesquisador.shtml.

5 De acordo com dados de 2016 do IBGE. Disponível em: https://www.ibge.gov.br/estatisticas/economicas/outras-estatisticas-economicas/9023-as-fundacoes-privadas-e-associacoes-sem-fins-lucrativos-no-brasil.html?=&t=series-historicas.

Quem inventou essa expressão "terceiro setor", inclusive, foi o magnata norte-americano John Rockefeller III, em um texto de 1978. Naquela época, Rockefeller defendia que grande parte da influência que os Estados Unidos sofriam vinha de três diferentes setores básicos:

- o governo, responsável por organizar a vida em sociedade;
- o mercado, onde se concentravam as empresas com fins lucrativos, como indústrias, comércios e prestadores de serviços;
- e um "outro setor", que teria passado de maneira invisível até aquele momento, que concentrava iniciativas privadas sem fins lucrativos, como era o caso das ações de filantropia, geralmente realizadas por associações voluntárias e fundações.

Ou seja, na falta de vocabulário mais específico, todas as iniciativas que não eram governamentais e que não visavam lucro foram incluídas em um mesmo grupo, que ganhou o nome, talvez pouco criativo, de "terceiro setor". Foi a partir dessa visão que essa área ganhou corpo. A partir do final da década de 1970, os norte-americanos melhoraram um pouco a nomenclatura para criar um "setor sem fins lucrativos" (*nonprofit sector*, na expressão em inglês), que era especialmente caracterizado nos Estados Unidos como iniciativas com a finalidade de caridade, financiadas por doações e sem o objetivo de gerar dividendos aos seus associados. Segundo os pesquisadores Marcelo Gustavo Aguilar Calegare e Nelson Silva Junior, a "invenção" do terceiro setor estava bastante alinhada com a tradição norte-americana, que acreditava que a população tinha papel fundamental no desenvolvimento da sociedade, pois trazia para si funções e responsabilidades, o que era também um reflexo do modelo democrático de governo. "Logo, uma das características marcantes do modelo norte-americano que favorecem o seu terceiro setor é a participação da sociedade em atrair a cooperação tanto de indivíduos como de grandes corporações", explicam os pesquisadores[6].

Essa definição e consolidação do terceiro setor foi acontecendo no decorrer dos anos e, na década de 1990, aterrissou no Brasil. Com um importante impulso

---

6 CALEGARE, Marcelo Gustavo Aguilar; SILVA JUNIOR, Nelson. A "construção" do terceiro setor no Brasil: da questão social à organizacional. *Rev. psicol. polít.*, São Paulo, v. 9, n. 17, p. 129-148, jun. 2009. Disponível em: http://pepsic.bvsalud.org/scielo.php?script=sci_arttext&pid=S1519-549X2009000100009&lng=pt&nrm=iso.

feito pelo Banco Mundial, que incentivava os governos a desenvolverem colaborações com as organizações não governamentais (ONGs) dos seus países, e abraçado pelo Governo Federal Brasileiro e pelo empresariado nacional, o terceiro setor começou a ganhar balizas e suporte para operar.

Em 1999, a lei n. 9.790, conhecida como Lei do Terceiro Setor, estabeleceu formalmente quais seriam as qualificações das entidades sem fins lucrativos perante o poder público. Na mesma época, o governo do presidente Fernando Henrique Cardoso também propôs novas formas de organizar a administração pública, afastando-se de uma estratégia estatizante e burocrática para se aproximar de um formato que foi chamado de "administração pública gerencial", que visava maior eficiência, qualidade, descentralização e foco no cidadão.

Nesse ponto, as parcerias entre o terceiro e o primeiro setores se tornaram não só possíveis, mas, de certa maneira, incentivadas. Nem o segundo setor quis ficar de fora! De acordo com as pesquisas de Calegare e Silva Junior, em pouco tempo o empresariado brasileiro também reconheceu as instituições sem fins lucrativos como um "novo espaço institucional".

Com origens na filantropia e na caridade, entidades que hoje fazem parte do terceiro setor começaram a atuar bem antes de serem reconhecidas e definidas nos códigos civis. Apenas recentemente, em especial a partir da década de 1970, as definições mais formais de como instituições sem fins lucrativos devem atuar começaram a ser delineadas e discutidas de maneira mais intensa.

Período Colonial, Império e primeiras décadas da República

A Filantropia acontecia especialmente a partir de instituições privadas, como as entidades religiosas. Muitas organizações estavam associadas à Igreja Católica, que realizava atividades voltadas à caridade e beneficentes, em áreas como assistência social, saúde e educação. Um exemplo são as Santas Casas de Misericórdia.

Em 1916, o Código Civil Brasileiro definiu juridicamente as figuras das fundações e associações como pessoas jurídicas de direito privado, juntamente com a sociedade civil e as entidades religiosas, morais, científicas ou literárias[7].

---

7 Disponível em: http://www.planalto.gov.br/ccivil_03/leis/l3071.htm.

~1920

Filantropia estatal, com ações governamentais que assumem papel central no bem-estar social. Essas atitudes, que ficaram conhecidas como assistencialismo, surgiram como uma maneira de evitar crises sociais e ganhar apoio popular.

~1940

É criada a Legião Brasileira de Assistência (LBA), sob a responsabilidade das primeiras-damas, que geriam recursos vindos do governo ou de doações particulares para fornecerem assistência para camadas fragilizadas da população.

~1960

Durante o período militar, o Estado considerou como clandestinas e ilegais as organizações e movimentos sociais que estavam fora do seu controle. Em substituição a elas, foram criadas instituições governamentais com o objetivo de dar assistência à população, como foi o caso do BNH (Banco Nacional de Habitação, voltado ao financiamento de empréstimos imobiliários), COBAL (Companhia Brasileira de Alimentos, que apoiava a distribuição de produtos hortifrutigranjeiros no país), MOBRAL (Movimento Brasileiro de Alfabetização, que tinha como objetivo erradicar o analfabetismo) e INPS (Instituto Nacional de Previdência Social, que oferecia assistência aos aposentados e pensionistas).

~1970

Durante o movimento de redemocratização do Brasil, com o surgimento de sindicatos e partidos políticos, surgiu também, de maneira global, o conceito de um setor de iniciativas sem fins lucrativos, que mais tarde passou a ser conhecido como terceiro setor. Foi nesse período que aconteceu no Brasil o Encontro Ad Hoc (1972), reunião não oficial de grupos de pessoas ligadas a projetos de educação e assistência social. Nesse encontro, de acordo com a pesquisadora Lanissa Cristina F. de Medeiros Carvalho[8], surgiu a necessidade de entender os resultados dos projetos sociais com objetivos assistenciais. Para atender a essa demanda, foi então criada uma organização sem fins lucrativos, com sede própria, para discutir o trabalho com capacidade técnica de avaliação e competência. Foi a primeira Organização Não Governamental (ONG) que surgiu de maneira livre da influência do Estado ou da Igreja Católica.

---

8 Em trecho da sua dissertação de mestrado, defendida em 2008 na Universidade Federal do Rio Grande do Norte (UFRN). Disponível em: https://repositorio.ufrn.br/bitstream/123456789/17875/1/LanissaCFMC.pdf.

~2000

Na esteira da redemocratização, a globalização e a internet trouxeram novas formas das pessoas compartilharem informações e se reunirem em torno de um mesmo objetivo. Pautas como a questão da crise ambiental e o agravamento dos problemas sociais foram abraçadas pela sociedade civil, agora organizada em entidades legalizadas e específicas para atuar com tais causas. O terceiro setor passa, dessa forma, a visivelmente auxiliar na resolução de problemas globais, e esses negócios passam a ser cada vez mais reconhecidos pela sua capacidade transformativa e de causar impacto social positivo.

Por conta dessa formalização e melhor entendimento sobre a importância do terceiro setor, a expressão se tornou um termo "guarda-chuva", sob o qual passaram a residir uma série de iniciativas sem fins lucrativos.

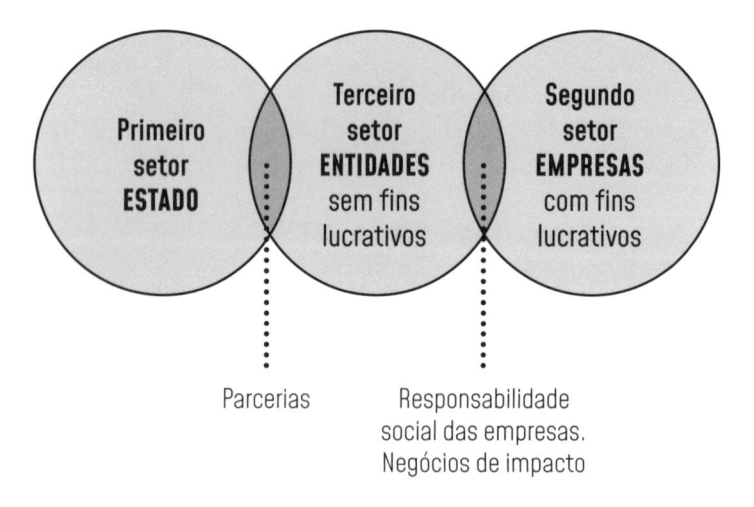

Primeiro setor ESTADO

Terceiro setor ENTIDADES sem fins lucrativos

Segundo setor EMPRESAS com fins lucrativos

Parcerias

Responsabilidade social das empresas. Negócios de impacto

Fonte: https://bit.ly/3fSYCQh

O QUE SIGNIFICA SER SEM FINS LUCRATIVOS

Tradicionalmente, fazem parte do terceiro setor entidades como associações, fundações e organizações religiosas criadas e mantidas com objetivos sociais de interesse público. Isso significa que elas têm como principal meta gerar algum tipo de benefício à sociedade. Entre as organizações sem fins lucrativos mais tradicionais, estão aquelas que prestam atendimento médico, educacional, cultural e assistencial, ou quaisquer outras atividades que não tenham conseguido ser supridas pelo Estado (o primeiro setor).

É o caso, por exemplo, do Hospital Sírio-Libanês, idealizado e mantido pela Sociedade Beneficente de Senhoras. Criada em 1921, a sociedade foi iniciada por um grupo de mulheres imigrantes da comunidade sírio-libanesa no Brasil, que tinha como objetivo retribuir a acolhida que receberam no país com um projeto social. A entidade filantrópica que criaram na época é até hoje a mantenedora do Hospital Sírio-Libanês, complexo hospitalar de referência internacional que é também uma entidade sem fins lucrativos.

Como entidade sem fins lucrativos, o Sírio-Libanês tem direito a isenções de impostos, devolvendo essas isenções por meio de prestações de serviços ao sistema público, como por meio de atendimentos gratuitos a pacientes do SUS ou treinamento de profissionais do sistema público. No entanto, nada disso significa que o hospital não possa cobrar pelos serviços ou remunerar bem seus médicos, enfermeiros e outros profissionais contratados.

O que diferencia o Sírio-Libanês de qualquer outro hospital privado com fins lucrativos tem a ver com a forma como ele gerencia o lucro financeiro obtido. Em uma empresa tradicional – como um hospital do segundo setor – o lucro obtido pela empresa após pagar pelos seus custos, acertar os impostos e remunerar seu pessoal pode ser dividido entre os sócios como dividendos. Já em uma iniciativa sem fins lucrativos – como um hospital sem fins lucrativos –, expressões como "lucro" e "prejuízo" ou "superávit" e "déficit" precisam ser seguidas de outras ações. Se em uma empresa que distribui lucros, os resultados positivos devem ser distribuídos, em um negócio de impacto, os resultados financeiros positivos devem ser alocados para novos impactos dentro da organização.

Empresa com fins lucrativos

Receitas Totais – Custos Fixos – Custos Variáveis = Lucro

Se houver lucro, esse valor poderá ser dividido entre os sócios, na forma de dividendos.

Organização sem fins lucrativos

Receitas Totais - Custos Fixos - Custos Variáveis = Lucro, ou melhor, oportunidades de REINVESTIMENTOS PARA CRESCER!

Em caso de superávit, o valor excedente pode ser reinvestido no negócio (realizando expansões, melhorias, avanços, entre outras decisões feitas pelo corpo deliberativo da associação que cuida da entidade).

Em caso de déficit, a operação fica no vermelho, precisando encontrar novas fontes de receita (novas doações, por exemplo).

Inspirados pelo terceiro setor

Tanto não estamos sós quanto tem muito mais gente querendo entrar nessa área de desenvolver negócios que transformam a sociedade. Um primeiro movimento que surgiu conforme o terceiro setor se estruturou de maneira mais clara foi a expansão das parcerias entre empresas do segundo setor e organizações sem fins lucrativos para realizar atividades de responsabilidade social. Por meio dessas parcerias, a intenção das companhias era realizar ações voluntárias para benefício do seu público interno e externo. Isso inclui cuidar da comunidade onde uma empresa atua, por exemplo, ou minimizar os impactos ambientais do funcionamento de uma indústria.

Regulações internacionais e critérios mais exigentes dos investidores fizeram com que a responsabilidade social das companhias do segundo setor se tornasse um fator de diferenciação de mercado. Ou seja, aquelas empresas que praticavam ações de responsabilidade social corporativa, empresarial e ambiental (as três principais frentes dessa área) passaram a ser mais reconhecidas no mercado, mais bem quistas pelos clientes e, portanto, obtiveram melhor prognóstico de negócios.

E como um negócio com fins lucrativos conseguiria tocar iniciativas com um objetivo que não é guiado única e exclusivamente pela meta financeira? A resposta não é tão complexa assim: inspirando-se e formando parcerias com iniciativas sem fins lucrativos que já trabalhavam nas áreas que essas companhias buscavam gerar melhorias. Além disso, com o maior potencial e facilidade de se informar, os últimos anos também fizeram com que consumidores e a sociedade como um todo se tornassem mais críticos e mais exigentes com as empresas e os governos. Cada vez mais conscientes dos reflexos do capitalismo, do aquecimento global e da poluição, as pessoas estão demandando por mais cuidado com os impactos sociais e ambientais das ações não só dos indivíduos, mas também das corporações e pessoas jurídicas com as quais se associam.

Carla Harris, vice-presidente do banco de investimentos Morgan Stanley, ressaltou em uma palestra no *NRF 2022: Retail's Big Show* de 2022 que havia um forte movimento de colaboradores e consumidores que queriam ter mais voz e estavam exercendo com mais atenção o seu poder de escolha, atentos aos impactos que iam causar. Esse movimento de *Voice and Choice* ("Voz e Escolha", em tradução livre) tem catapultado a busca por práticas mais éticas, mais alinhadas aos

Objetivos de Desenvolvimento Sustentável elencados pela ONU (não à toa, uma entidade do terceiro setor).

É nesse momento de questionamentos e novas visões de mundo que surge o conceito dos "negócios de impacto com fins lucrativos", também conhecidos por alguns como "negócios 2.5", que se posicionam na intersecção entre o segundo e o terceiro setor.

Ainda que visem lucro, essas iniciativas defendem que são geridas, motivadas e alavancadas tendo em mente o impacto social que pretendem causar. Observando um pouco mais, a impressão que dá é que são negócios interessados demais em gerar um impacto socioambiental positivo, mas receosos demais de se jogarem em uma arena que funciona sob regras legislativas, corporativas e até contábeis muito diferentes do segundo setor.

Como o movimento é recente, ainda existem poucos dados e números disponíveis para quantificar, mas não excluiria a possibilidade de que essa articulação seja também um resultado da grande ânsia dos jovens profissionais que estão chegando ao mercado de mudar o mundo e alterar as dinâmicas sociais, ao mesmo tempo que não querem se sentir "abandonando" suas carreiras, como se fossem se aposentar antes mesmo de estagiar.

Nesse sentido, criar um negócio que fique no meio do caminho entre dois setores é mesmo uma alternativa genial, digna de quem chega ao mercado cheio de fôlego e ainda com disposição para batalhar. Afinal, imagine que incrível um futuro em que você possa gerir um negócio capaz de gerar um impacto positivo no mundo, de transformar a nossa sociedade em algo ainda melhor, tudo isso avançando na carreira, usando as melhores estratégias de negócios e ainda mantendo todos os boletos (e quem sabe uns luxos) pagos?

Errados eles não estão, mas será que isso só é possível em um negócio 2.5?

Será que estamos preparados para o crescimento?

Fazer a transição para uma carreira em uma entidade sem fins lucrativos ou se posicionar como um profissional dedicado a causas é, para muitos, uma aposta arriscada.

Sei disso porque senti esse risco na pele mais de uma vez nos últimos anos. A primeira vez foi há nove anos, quando assumi a liderança do IAB Brasil, uma associação setorial sem fins lucrativos. O mesmo frio na barriga aconteceu há pouco mais de 3 anos, quando passei a atuar também como conselheira de negócios de impacto. Essa sensação de "será que estou fazendo a coisa certa?" misturada com "será que essa iniciativa, que é incrível, vai vingar?" povoa nossa mente não porque somos inseguros (apesar desse poder sim ser um dos motivos), mas porque essas dúvidas são reais. Muitas causas nobres às quais nos dedicamos se veem fadadas ao fracasso, e, na minha análise, o motivo é sempre o mesmo: falhas de gestão.

Ao contrário do que os burburinhos nos corredores corporativos podem fazer parecer, escolher dedicar-se a um negócio de impacto pode ser uma importante guinada profissional, por vezes tão arriscada quanto abrir uma sociedade ou fazer um investimento grandioso em uma nova empreitada. Profissionais que escolhem se dedicar a um negócio de impacto muitas vezes apostam a própria carreira nas iniciativas às quais se dedicam.

Por isso, quem acredita que atuar no terceiro setor é o equivalente a *pendurar as chuteiras* profissionais não poderia estar mais equivocado. A jornada de quem faz a transição ou se dedica à função também é repleta de pesquisa, de estudos sérios sobre empreendedorismo, administração eficiente, gestão enxuta e metodologias ágeis. Basta olhar atentamente e veremos milhares de líderes de negócios de impacto no Brasil suando frio com recursos financeiros escassos, times limitados e com plano de negócios pra lá de desafiador. A grande verdade é que líderes do terceiro setor podem ter muito mais similaridades com empreendedores e fundadores de *startups* do que a maioria das pessoas pensa.

Profissionais de iniciativas sem fins lucrativos estão sempre criando algo ou um processo completamente novo e muitas vezes sem *benchmarking*, sem balizas anteriores para se inspirar. É como se cada profissional que atua na área precisasse trazer consigo o espírito resiliente de quem busca o entusiasmo e a energia de trabalhar em uma *startup*. Para além de *elevator pitches* e *mockups*, os "empreendedores do terceiro setor" precisam se desdobrar para encontrar suas rodadas de investimentos. Ao invés de cortejar *Venture Capitalists* e aceleradoras, os gestores de causas sem fins lucrativos são forçados a encontrar maneiras criativas de chegar à independência financeira, por meio de doações, *grants*, parcerias, permutas e voluntariados, sem que isso afete sua independência ideológica e os torne reféns de alguns poucos investidores ou doadores.

Além disso, os mais brilhantes gestores de iniciativas sem fins lucrativos que conheci também tinham uma preocupação sem fim com a constância e sustentabilidade da iniciativa, caso eles precisassem, por qualquer motivo, abandonar a liderança. É quase como o desafio de uma empresa familiar de pensar em uma sucessão: "Quando eu não estiver aqui, quem é que vai tocar a lojinha?". "Como manter esse impacto de maneira perene e não apenas reflexo de uma liderança ou de um profissional em específico?" É um desafio e tanto, e uma jornada que cada vez mais profissionais parecem buscar.

Somos muitos e tendemos a ser ainda mais

Quem, em algum momento da sua carreira, passou pelas engrenagens de uma iniciativa sem fins lucrativos, certamente percebeu o enorme potencial que existe de transformar o terceiro setor em uma máquina de empreender e de fazer iniciativas darem certo.

Ouço com muita frequência histórias de negócios de impacto que "começaram quando tudo isto aqui ainda era mato", mas que tinham um líder capaz de ver e descrever em detalhes o prédio inteiro construído. E, dia após dia, essas pessoas estavam lá, cuidando da capina, da fundação, de cada parede que deveria ser levantada, com a certeza de que o prédio ficaria de pé no futuro. Porque, da forma que a nossa sociedade veio se configurando no último século, as iniciativas e organizações do terceiro setor podem se posicionar como um canal poderosíssimo para parcerias entre empresas com fins lucrativos, auxiliando a equilibrar suas necessidades de negócios e os impactos positivos que elas podem causar na sociedade. Podem, ainda, tornar-se um pilar para os governos, auxiliando o primeiro setor a fazer regulações e legislações que sejam alinhadas com a necessidade dos novos tempos e que garantam a qualidade do nosso futuro.

Contudo, ainda há um longo caminho para equilibrar sonho e sustentabilidade, pois poucos são aqueles que seguram a onda e encaram esse desafio profissional. Um dos importantes obstáculos para a sustentabilidade das causas e iniciativas transformadoras da nossa sociedade hoje é conseguir encontrar e contratar bons administradores, capazes de implementar boas práticas que permitam usar os recursos financeiros, ainda que escassos, como combustível para alcançar os impactos sociais almejados.

Não se trata de criar todo um campo de estudo novo sobre o assunto, inventar novas teorias ou criar uma graduação voltada para a administração sem fins lucrativos. Nada disso! Teoria alguma da administração de empresas "perde a validade" quando é aplicada a negócios de impacto e iniciativas do terceiro setor. O que falta a quem vai gerir as causas é simples, basta virar uma chavinha discreta, mas importante: a definição do que é lucro para quem quer causar impacto. Um dilema bastante frequente é o fato de que a dor da causa muitas vezes ofusca a potência e a importância dos cálculos necessários para uma boa administração.

A capacidade de ser racional, de medir e calcular nem sempre será melhor executada por quem está na ponta da lança, na linha de frente daquela causa, mas por quem está um pouco mais distanciado dessa dor que motiva a missão do seu negócio de impacto. Isso porque a distância da dor e da causa reforçam a capacidade de pensar racionalmente, mas, por vezes, esfriam a força motriz dessa equação, que é o motivo pelo qual alguém trabalha, a causa que o move diariamente.

Um exemplo clássico disso é pensar em iniciativas que visam reduzir a fome. O motivo, a força motriz, a paixão que move a causa, certamente, será "doar mais marmitas" que permitam aplacar o ronco do estômago de tantas pessoas que passam necessidade. "Será que vendo toda a minha mobília e desisto da locação do imóvel da causa para entregar 3 mil marmitas neste mês, ou seria mais impactante investir em uma cozinha, em entrega própria e em uma gestão que permita entregar 200 marmitas diariamente pelos próximos 5 anos?"

Para tomar decisões com clareza, precisamos analisar de forma mais racional as possibilidades. Levei alguns anos para chegar a uma clareza para tomar decisões mais assertivas. Quando fui promovida a diretora geral do IAB Brasil, em 2015, minha sensação era que era possível fazer melhor, mas não entendia porque alguns processos não tinham sido feitos antes. Com o passar dos meses, superando desafios, organizando a casa e criando processos, rotinas e rituais, essa visão foi ficando mais clara – e um pouco irritante. Por que ninguém tinha falado sobre gestão de associações e das particularidades de negócios sem fins lucrativos comigo antes? Por que ninguém tinha me dado um alerta e apontado uma direção? Eu caí de paraquedas e também não tive tempo de estudar, tive que trocar a asa do avião em pleno voo. Saber mais sobre a gestão de uma entidade sem fins lucrativos poderia ter poupado anos de insegurança, de tentativas e erros, de ajustes que poderiam ter sido menores, mais rápidos e menos desgastantes.

Ninguém me avisou, mas posso fazer diferente para quem vem por aí. Longe de mim achar que todas as pessoas que iniciam nesse setor demoram anos batendo a cabeça. Mas, para aqueles que chegam sem saber por onde começar, certamente existem formas de diminuir os conflitos. Foi esse o estalo que me deu para escrever este livro.

Posso compartilhar experiências para dar essas dicas tanto para os profissionais que atuam na administração e gestão de iniciativas do terceiro setor, como para ONGs, associações, entidades de classe e toda sorte de iniciativas sem fins lucrativos. Isso pode ajudar não só os colegas de setor, mas também quem está pensando em uma transição de carreira, quem faz parte de projetos de responsabilidade social ou do novíssimo setor 2.5 e que busca um novo rumo profissional dentro de um setor que parece funcionar sob outras regras e em outro ritmo.

E, quem sabe, entender as dinâmicas do terceiro setor e as maneiras de aplicar os cuidados da administração também nas iniciativas que não visam lucro financeiro possa inspirar as próximas gerações de administradores que vêm por aí. Profissionais com as mais diversas bases de formação, cheios de energia e vontade de transformar o mundo e melhorar a sociedade. Todo o conhecimento adquirido nos bancos das escolas e das faculdades, toda essa dedicação e força de trabalho em negócios pode levar a transformações que a gente não consegue nem prever, mas que, certamente, podemos direcionar no sentido correto.

Por isso, construí este livro, reunindo informações preciosas que eu gostaria de ter lido quando comecei no IAB Brasil, um livro que teria feito diferença na minha postura e na dos meus colegas que riram da profissional que migrava para o terceiro setor. Não é um manual, mas ideias compartilhadas como um ponto de partida que possa apoiar e inspirar a geração atual de gestores, um livro que possa servir de apoio para professores nas escolas de administração, que poderão encontrar nas salas de aula alunos que não querem mais apenas trabalhar em grandes empresas e multinacionais, mas que se perguntam e questionam sobre a aplicação das teorias da administração em novos ambientes de negócio, onde o lucro não é definido apenas em moeda corrente, mas em impacto e transformação social.

O terceiro setor nasceu de uma visão de propósito, cresceu e se desenvolveu a partir do esforço de quem queria alterar as dinâmicas da nossa sociedade em prol de um bem maior. Esse setor se transformou em uma parte essencial da sociedade contemporânea, se posicionou como um parceiro importante dos governos e dos reguladores e um provocador das estratégias possíveis entre as empresas com fins lucrativos. Como um mediador sagaz, o terceiro setor tem a competência necessária para questionar o *status quo* e alterar a forma como as coisas "sempre aconteceram", criando um mundo novo, mais justo, mais igualitário e, por que não dizer?, mais humano.

Quem trabalha no terceiro setor não o faz por falta de opção, mas porque quer gerar um impacto. Porque enxergou uma nova possibilidade no horizonte e, diante dessa motivação, encontra entusiasmo para levantar da cama todas as manhãs e pensar em novas formas de fazer acontecer, apesar dos desafios.

Nas próximas páginas, reuni as principais boas práticas, pensamentos e referências que obtive ao longo dos meus anos como gestora de iniciativas sem fins lucrativos e em conversas com profissionais com atuação reconhecida no terceiro setor. Mais do que dividir com você as experiências de quem já atuou em associações setoriais, ONGs e iniciativas de cunho beneficente, espero conseguir encorajar pessoas a se engajarem rumo a um novo futuro profissional em negócios de impacto, independentemente de em que setor se posicionem.

Porque a cada passo adiante, já não estamos mais no mesmo lugar. Vamos em frente!

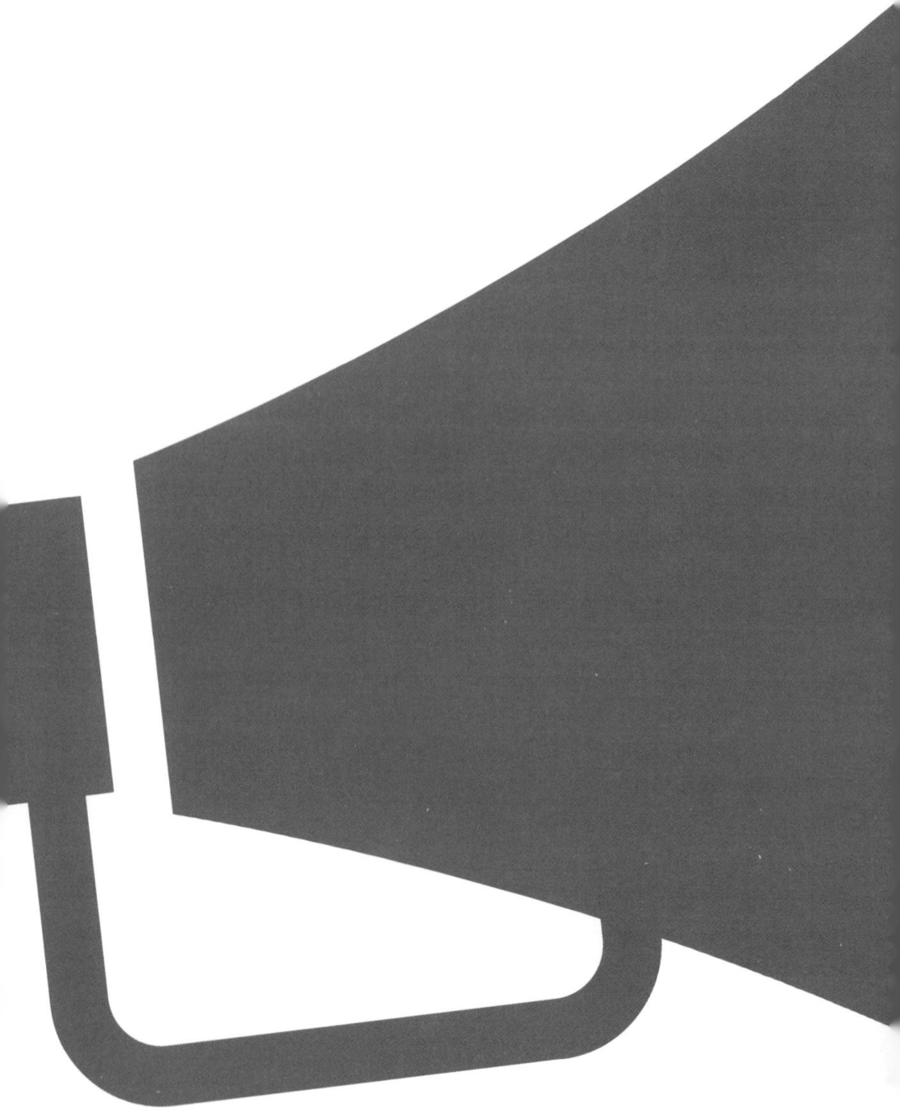

PONTAPÉ INICIAL

Se você, assim como eu, não é advogado, um dos primeiros obstáculos a ser superado é conseguir lidar com o "legalês", esse idioma que advogados e juristas do Brasil utilizam para estabelecer os contratos, combinados e, claro, os estatutos que definem como uma entidade vai funcionar.

Preferiria muito que o direito pudesse ser efetivamente um direito de todos, com formas de falar e escrever que fossem menos complexas, com mais capacidade de síntese. Seria lindo se todo mundo pudesse deixar de lado o "juridiquês" e ser entendido pela outra parte de maneira clara e objetiva. No entanto, a realidade funciona sob outros ritmos e o ambiente legal costuma ser um dos primeiros obstáculos onde muitos profissionais tropeçam, por conta da falta de intimidade com o linguajar dos nossos advogados e advogadas. Eu me casei com um advogado para ver se facilitava a comunicação, mas sigo na batalha diária!

Enquanto a revolução da comunicação jurídica não vem, não adianta ficar lamentando. Até porque essa dificuldade não é imposta só pelo sistema jurídico brasileiro, nem só pelos profissionais do direito. Quem já navegou por setores profissionais diversos sabe que cada grupo tende a estabelecer linguagens e jargões próprios, que muitas vezes acabam afastando os demais. O que fazer nesses casos?

Arregaçar suas mangas, calçar suas sandálias da humildade e buscar entender. Afinal, se existe um direito que deveríamos todos defender dentro de uma sociedade, é o direito ao entendimento, à compreensão, a tirar dúvidas para saber onde se está pisando. Perguntar, nesse caso, está longe de ser uma ofensa.

Por isso, antes de qualquer recomendação mais específica, minha sugestão é uma só: não se deixe calar e faça questão de entender os detalhes do seu estatuto. De preferência, na companhia de um profissional do direito.

Se o ambiente da iniciativa que você estiver liderando ou colaborando estiver burocrático, chato, entediante ou lento, manifeste-se e indique os pontos que estão causando atrito. Se necessário (e se você tiver essa autonomia), troque os seus interlocutores e fornecedores.

Também é o momento em que você deve dedicar um pouco mais de tempo para a sua capacidade de leitura. Leia e releia os parágrafos (ou cláusulas) até que eles comecem a fazer mais sentido na sua cabeça. Dedique-se a desfazer os nós burocráticos e jurídicos, de maneira a evitar que essas confusões sejam percebidas da porta para fora da sua organização.

Estipulando as regras do seu jogo

A vontade e o entusiasmo para causar uma transformação afloraram em você? Êba, que bom! Agora você tem um motivo, uma missão, um projeto para tirar da gaveta e levar para o mundo.

Se o seu plano incluir a geração de lucro financeiro – aquele dinheiro que no final do dia é repartido entre os sócios da iniciativa – meus parabéns, você tem um negócio de impacto no segundo setor, ou um negócio 2.5. Nesse caso, você terá uma sociedade limitada ou anônima, com contrato social padrão das empresas privadas, que torna pública a forma de funcionamento da sua empresa, seguindo todas as metodologias tradicionais de contabilidade e de administração de empresas.

No entanto, no decorrer do último século, as leis de diversos países do mundo, incluindo o Brasil, passaram a permitir que negócios de impacto que não tenham como objetivo gerar lucro financeiro para seus fundadores e administradores pudessem ser estruturados nas chamadas "entidades sem fins lucrativos", compondo o famigerado terceiro setor da sociedade.

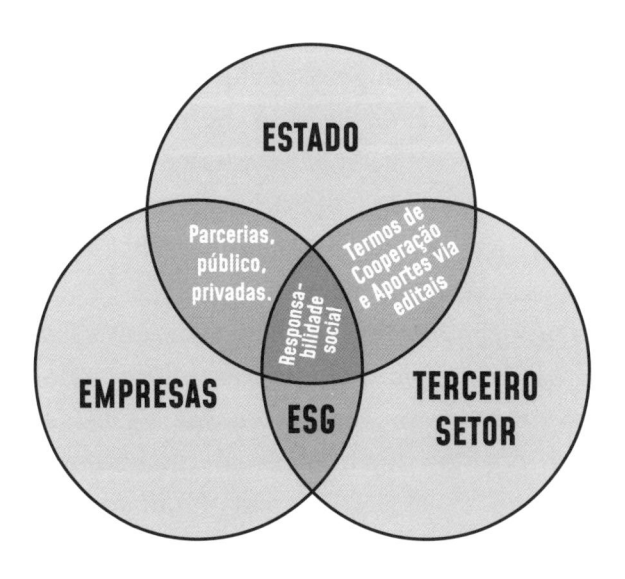

Diagram: Three overlapping circles labeled **ESTADO**, **EMPRESAS**, and **TERCEIRO SETOR**. Intersections: Estado ∩ Empresas: "Parcerias, público, privadas."; Estado ∩ Terceiro Setor: "Termos de Cooperação e Aportes via editais"; Empresas ∩ Terceiro Setor: "ESG"; centro: "Responsabilidade social".

Dentro do guarda-chuva do terceiro setor existem diversas iniciativas: associações, fundações, sociedades beneficentes etc. O que todas elas têm em comum é algo muito básico: todas as iniciativas do terceiro setor são definidas como "sem fins econômicos" ou "sem fins lucrativos". Essa última expressão geralmente causa confusão, especialmente porque muitas empresas do terceiro setor chegam a auferir lucros financeiros em suas atividades. No entanto, esse lucro não é repartido ou repassado aos sócios (ou, em bom *juridiquês*, não é distribuído aos titulares de participação ou aos detentores das entidades). Como já dissemos anteriormente neste livro, em geral, qualquer lucro dessas iniciativas (superávit) é reinvestido no negócio, aplicado na expansão da entidade ou até mantido em caixa. Em outras palavras, sociedades do terceiro setor podem, sim, ter lucro, o que não podem é distribuir esses lucros para seus associados ou diretores.

A primeira coisa que qualquer iniciativa sem fins lucrativos precisa fazer é estabelecer um documento básico para registrar sua existência e algumas ideias centrais, o famoso estatuto. Esse documento equivale ao contrato social das empresas tradicionais. Nele, cada entidade define as regras do seu jogo, a forma como será tratada e composta, de onde virá seu dinheiro (recurso financeiro), entre outros detalhes que devem ficar muito claros para todos os envolvidos.

Se você estiver fundando uma iniciativa sem fins lucrativos, esse é o primeiro momento em que você vai precisar pensar e refletir com cuidado o que precisa e deve incluir entre as "regras do jogo" da sua iniciativa. Você vai arrecadar dinheiro das pessoas e, com isso, fazer um movimento social? Nesse caso, é provável que você seja uma associação, como é o caso da Abraphem, que tem como objetivo lutar pelo direito ao tratamento e a uma vida digna aos hemofílicos brasileiros. Caso você tenha patronos ou mantenedores que vão prover os recursos iniciais, as fundações são boas inspirações, como a Fundação Ayrton Senna, que iniciou seus trabalhos com recursos definidos pelo piloto brasileiro Ayrton Senna antes de falecer.

Estatuto de Associação

Pense comigo: uma das grandes dificuldades de reunir pessoas em torno de um objetivo tem a ver com estabelecer os combinados. É assim tanto para aquele churrasco que você marca com os amigos – que precisa definir quem traz o quê, quem faz o quê – quanto para as pessoas que se unem em torno de uma causa transformadora.

O Código Civil regula de maneira bem ampla, sem especificidades, as formas de existência de quaisquer empresas e negócios de impacto – apenas as sociedades anônimas têm uma lei específica para elas. A regulação mais escassa, contudo, dá às iniciativas do terceiro setor, como as associações, a chance de ter um modelo de organização bem mais flexível entre as opções existentes para as entidades sem fins lucrativos, especialmente na forma de estabelecer a forma como ela conduz seus negócios. Por isso, especialmente para as associações e fundações, é essencial dar uma atenção especial à definição e refino dos seus estatutos, pois todo o funcionamento da organização – desde sua estrutura, funcionamento e objetivo – é definido por esse instrumento legal.

Lembre-se: o estatuto social não é só jurídico. Ele precisa ser político, operacional e factível. Não terceirize totalmente a responsabilidade para aquele colega advogado. É essencial que algumas definições sejam feitas pelas próprias pessoas fundadoras. Em geral, existem, quatro principais pontos que devem estar definidos da forma mais clara possível no estatuto de uma associação ou fundação.

1. Os direitos e deveres entre os associados

O padrão para as associações parte do princípio de que os associados só têm direitos e obrigações para com as associações, não tendo nenhum direito ou dever entre eles. Se o estatuto da sua associação não definir ou determinar algo diferente, o que a lei diz é que os direitos de todos os associados serão iguais e intransferíveis.

2. A missão da associação e as formas de associar-se a ela

Um bom estatuto social deve deixar clara a denominação (como essa entidade será chamada), os fins (ou objeto social, ou seja, para qual propósito aquela entidade está sendo criada) e a sede, para o caso das associações; assim como os requisitos para admissão (começar a fazer parte) e exclusão (quando há a retirada unilateral), no caso das fundações. Além disso, devem ser estabelecidas com clareza as fontes de recursos que serão utilizadas para a manutenção da iniciativa.

3. Os modelos de tomada de decisão democrática da associação

Mesmo pessoas reunidas em torno de uma causa comum certamente irão, em algum momento, discordar. Por isso, é importante que o estatuto inclua a definição dos modelos de tomada de decisão democrática que serão utilizados entre os associados. "Bons estatutos determinam os órgãos deliberativos básicos para o funcionamento da associação e deixam margem para que sejam criados comitês pontuais para questões que não tenham sido previstas quando a associação foi criada", aconselha o advogado Pedro Ramos, sócio do Baptista Luz e Associados, que atua com iniciativas sem fins lucrativos há mais de 15 anos. Isso porque muitas vezes existem questões que podem ser resolvidas de maneira muito mais produtiva com o estabelecimento de um pequeno comitê dedicado a lidar com assuntos pontuais ou de crise. "Esse tipo de prática é importante para criar, por exemplo, um comitê fiscal, que possa verificar a prestação de contas da entidade", sinaliza Ramos, em entrevista exclusiva para este livro.

4. Como alterar o estatuto ou desfazer a associação

Esse é um dos pontos mais esquecidos por quem funda uma associação, porque a gente se esquece de que as coisas mudam. A missão da associação pode evoluir, assim como podem se alterar as dinâmicas necessárias para a transformação da causa acontecer. Até o nosso próprio envolvimento com uma causa que fundamos pode ser modificada com o passar dos anos. Dessa forma, não é que estejamos sendo "pessimistas" ou "negativos", mas precavidos. Um bom estatuto inclui cláusulas que indicam a maneira democrática de alterar o que está escrito no documento – que geralmente é feito por meio de assembleia geral e votações por maioria simples, o mesmo recurso que normalmente é utilizado para mudar os administradores.

Da mesma forma, é importante descrever a maneira mais indicada para que a associação venha a ser desfeita, caso isso se torne necessário no futuro. Geralmente, quando uma associação chega ao fim do seu ciclo, o patrimônio dela costuma ser destinado para outras entidades sem fins lucrativos que tenham sido indicadas no estatuto. Caso essa situação não tenha sido prevista no momento da criação do estatuto, isso costuma ser resolvido por decisão dos associados ou revertida para instituições municipais, estaduais ou federais que tenham fins idênticos ou ao menos semelhantes.

Claro que cada associação vai ter um estatuto diferente, escrito de maneiras diversas, para contemplar da maneira mais clara e específica possível as situações que farão parte dos seus cotidianos. Advogados que trabalham com a construção de estatutos para o terceiro setor também costumam recomendar que o estatuto defina as formas de gestão administrativa que serão utilizadas pela associação, bem como a maneira como suas contas serão aprovadas. Esse tipo de cuidado ajuda a manter um processo financeiro e administrativo transparente com os associados, reforçando o reconhecimento e a confiança naquela associação.

Estatuto de Fundação

Em uma das nossas conversas, Pedro Ramos contou que nos bancos das faculdades de Direito, uma das brincadeiras que os alunos usam para memorizar a diferença entre associações e fundações é uma correlação simples e rasa, porém bastante funcional: se as associações são grupos de pessoas interessadas ou dedicadas a um determinado tema, as fundações são um punhado de dinheiro reunido e que deve ser alocado em prol de uma causa.

É uma maneira simples de lembrar e de entender a enorme diferença entre os dois modelos de entidades sem fins lucrativos, porque as fundações já surgem com bens e capital iniciais para causar a transformação almejada. Tanto é que fundações são modelos de organização bastante utilizados por empresas ou personalidades abastadas que querem destinar parte dos seus recursos para causas de transformação social.

De acordo com o Código Civil brasileiro, as fundações têm finalidades bastante restritas, podendo atuar em uma série de temas de impacto sociocultural e ambiental (veja na tabela 1).

Tabela 1 – Áreas de atuação de fundações.

Fundações têm finalidades restritas dentro da legislação brasileira, podendo atuar com
Assistência social
Cultura
Defesa e conservação de patrimônio histórico e artístico
Educação
Saúde
Segurança alimentar e nutricional
Defesa, preservação, conservação do meio ambiente e promoção do desenvolvimento sustentável
Pesquisa científica, tecnologias alternativas e modernização de sistemas de gestão
Produção e divulgação de informações e conhecimentos técnico-científicos
Promoção da ética, cidadania, democracia e direitos humanos
Atividades religiosas

Fonte: Lei n.º 13.151/2015.

Da mesma forma que as associações, as fundações também precisam cuidar de estabelecer um bom estatuto, que deve seguir premissas muito semelhantes. As diferenças estão principalmente nas características relacionadas ao patrimônio da iniciativa, à aprovação da sua existência e à forma de gestão.

1. Patrimônio com finalidade certa

Como um "agrupamento de dinheiro com uma finalidade específica", a fundação tem como principal objetivo garantir que aquela quantia financeira seja utilizada em prol de uma causa, uma missão ou um tema de interesse das pessoas físicas ou jurídicas que destinaram recursos para a fundação.

Em alguns casos, se o patrimônio não for suficiente para constituir uma fundação, uma das alternativas é destinar o valor a uma fundação já existente e que tenha uma finalidade igual ou semelhante, a não ser que quem institui a fundação determine o contrário.

Em casos que uma fundação já existente venha a se tornar impossível, inútil ou ilícita (ou seja, não consegue mais atuar para a finalidade a que foi criada), o próprio Ministério Público ou qualquer outro interessado pode solicitar sua extinção. Nessas situações de extinção de uma fundação, o patrimônio geralmente é destinado para uma fundação designada por um juiz, a não ser que o estatuto da fundação defina o que deve ser feito com o patrimônio em caso de extinção da fundação.

2. Aprovação da existência da fundação

Mesmo com o estatuto bem redigido e organizado, uma fundação só passa a existir de verdade, pela lei, quando seu estatuto é aprovado por uma autoridade competente. Em muitos casos, o estatuto de uma fundação pode, inclusive, ser contestado, quando os interessados fazem um recurso ao juiz para conferir algum detalhe ou questão. Ou seja, além de todos os cuidados de uma associação, uma fundação precisa estar enquadrada em finalidades socioeconômicas e ambientais específicas e ter um estatuto aprovado por uma terceira parte, para finalmente passar a existir.

3. Alterações só podem ser realizadas por maioria qualificada

Ao contrário de uma associação, que tem mais flexibilidade para alterar as condições do seu estatuto, em uma fundação, as alterações são mais complexas de acontecer. Isso porque qualquer alteração necessária exige uma tomada de decisão por maioria qualificada entre os gestores da fundação (aprovada por pelo menos dois terços deles), considerando que as alterações não contrariem ou desvirtuem sua finalidade original. E ainda que a maioria qualificada seja conquistada, o novo estatuto também precisará contar com uma aprovação do Ministério Público, para então entrar em vigor.

Essas especificidades fazem todo o sentido se lembrarmos que as fundações são mais complexas em termos de formato de funcionamento, especialmente no quesito financiamento, como enfatiza Pedro Ramos:

> Como no caso da fundação o dinheiro foi destinado a uma função e sobrevive à morte das pessoas ou das empresas, é preciso uma fiscalização maior para garantir que a fundação continuará existindo e mantendo o objetivo social para o qual foi criada.

Periodicamente, as finanças da fundação são conferidas por um promotor público, que avalia se os recursos financeiros estão sendo utilizados da maneira como foram concebidos originalmente pelo estatuto da fundação. "O Ministério Público é extremamente importante para essas organizações", reforça o advogado, lembrando do relevante papel do Ministério Público estadual como agente responsável por verificar o funcionamento das fundações.

Três conselhos para construir um estatuto ágil e assertivo

1. Seu estatuto deve refletir sua missão do presente

"Muita gente gosta de dizer que o estatuto é a certidão de nascimento da organização, mas não é bem assim", alerta Pedro Ramos. Isso porque uma certidão de nascimento é imutável, enquanto o estatuto da sua organização deve sempre refletir o que ela é e como vai atuar no momento presente. "Qualquer pessoa que ler o seu estatuto deve entender como o seu negócio de impacto funciona e como é organizado", aconselha Ramos.

2. Evite gargalos de decisão estabelecendo uma diretoria executiva para decisões mais ágeis

Além da assembleia geral, que inclui todos os envolvidos em uma associação ou fundação, é importante prever a existência de conselhos diretivos que possam tomar decisões mais ágeis para temas mais sensíveis ao tempo. "Essa figura do conselho deliberativo pode exercer a função de tomar decisões do dia a dia que não são tão banais, mas que não são tão importantes a ponto de precisar convocar uma assembleia", sugere Ramos.

3. Estabeleça que comitês podem ser instalados conforme a necessidade

Antigamente, era comum que os estatutos chegassem a listar cada um dos comitês existentes em associações ou fundações, mas, com o tempo, essa prática tem sido desaconselhada, por acabar "engessando" a tomada de decisões em casos pontuais. A nova prática mais aconselhada pelos advogados envolve a determinação de que, com a anuência de um número mínimo de associados, o comitê possa ser instalado para conferir qualquer temática de interesse da organização. Questões mais emergenciais, como um comitê para lidar com os desafios de uma pandemia, por exemplo, também podem ser essenciais para trazer agilidade para as movimentações da sua organização de maneira rápida e democrática.

É uma ONG, OS ou OSCIP?

Além de serem organizadas sob a forma de associações ou fundações, as iniciativas sem fins lucrativos também podem ser categorizadas pelo tipo de organização que representam, sendo subdivididas em Organizações Não Governamentais (ONGs), Organizações

Sociais (OSs) e Organizações da Sociedade Civil de Interesse Público (OSCIPs).

A sigla **ONG** é usada de maneira ampla como uma forma de se referir a iniciativas do terceiro setor que não tenham vínculo com o governo. Costumam ser associações com impactos voltados ao interesse público, mas que não recebem recursos vindos do governo (primeiro setor), o que costuma fazer delas entidades bem mais independentes e autônomas.

No entanto, desde o final dos anos 1990, outras formas de organizar as iniciativas de terceiro setor também ganharam regulamentações e benefícios de isenção de impostos específicos, além de facilidades para formar parcerias com o poder público. Ou seja, ainda que sejam organizações do terceiro setor, elas tinham relação com os governos – fosse de prestação de serviços ou de parceria.

Em 1998, a lei n. 9.637[9] estabeleceu as chamadas Organizações Sociais (**OS**), definidas como associações ou fundações que têm entre suas atividades ações voltadas a cultura, saúde, cuidados com o meio ambiente, pesquisa científica, desenvolvimento tecnológico e educação. Esse tipo específico de iniciativa sem

---

9 Disponível em: https://bit.ly/3VhXdTH.

fins lucrativos, quando de acordo com o que requer a lei, pode ser então qualificada como OS e formar contratos de gestão com o poder público, como governos municipais, estaduais e federais, tanto para parcerias de fomento quanto para realizar as próprias atividades da organização. Além disso, por serem entendidas como empresas de interesse social e utilidade pública, elas também podem receber benefícios do poder público, que vão desde recursos orçamentários e bens públicos até isenções fiscais específicas ou subvenção direta para realizar suas atividades-fim.

Esse formato, pensado e elaborado pelo economista e cientista social brasileiro Luiz Carlos Bresser-Pereira, durante o primeiro mandato do presidente Fernando Henrique Cardoso, tinha como principal objetivo permitir a transferência da realização de determinadas atividades que antes eram (ou deveriam ser) exercidas pelo Estado para organizações públicas não estatais.

Pouco depois, em 1999, surgiu a regulamentação para um outro tipo de associação ou fundação, que estivesse em funcionamento há mais de três anos e que prestasse serviços listados pela lei n. 9.790 – que, via de regra, são as mesmas finalidades limitadas às fundações (vide tabela 1). Essas entidades passaram a ser reconhecidas como Organizações da Sociedade

Civil de Interesse Público (ou **OSCIP**), o que oferece a elas uma interessante vantagem: poder fechar parcerias com o poder público. Isso significa que essas entidades podem formar vínculos de cooperação com o primeiro setor, de maneira a promover as transformações e trabalhar nas causas a que se destinam com o suporte e apoio do poder público, podendo, para isso, receber recursos para a contratação de obras e serviços, para realização de compras, entre outros.

O sucesso começa com uma boa direção

Quem acordou com uma vontade incrível de ler um estatuto, levante a mão! Eu sei. Não é nada divertida essa parte. Afinal de contas, temos muito trabalho pela frente.

Garantir um bom ambiente legal para que sua iniciativa sem fins lucrativos comece a operar da maneira certa é trabalhoso, mas vale a pena. Com isso em mente, cuide para que o ambiente jurídico bem estabelecido possa ser um aliado estratégico e positivo para a sua missão. Esse é um momento muito propício para que você possa observar com atenção e refletir com carinho quais são as balizas para criar o tipo de organização que você quer, definir que tipo de relações estruturantes você deseja estabelecer e que princípios básicos não devem ser quebrados nem pela sua gestão, nem pelas próximas.

Não se deixe levar por conselhos de mensageiros do apocalipse, que só trazem más notícias e reforçam que a mudança não pode acontecer. Ela pode, sim. Vai dar um pouco de trabalho, vai exigir um pouco de reflexão e estratégia, mas é possível definir um estatuto justo e flexível o suficiente para permitir uma gestão produtiva, consciente, eficiente, ética e moderna.

Parece muita coisa? Sei que parece. Contudo, boas definições legais para o seu negócio sem fins lucrativos estabelecidas desde o primeiro dia podem ser a melhor e mais importante coisa que você vai fazer pela sua causa. Não sei qual o tamanho do negócio de impacto que você está planejando gerir. Também não sei se você tem acesso a recursos para contratar o melhor escritório de advocacia para organizar o ambiente legal da sua iniciativa sem fins lucrativos. A verdade é que tanto faz: o que você precisa garantir é que fará a coisa certa, dentro dos limites da lei e dos recursos que conseguir dispor.

O impacto que você quer causar na sociedade não pode ser do tipo que "arruma um lugar" e "desarruma" outro canto, agindo de maneira antiética ou ilegal. Ou, como dizem os antigos, não adianta nada cobrir a cabeça e descobrir o pé.

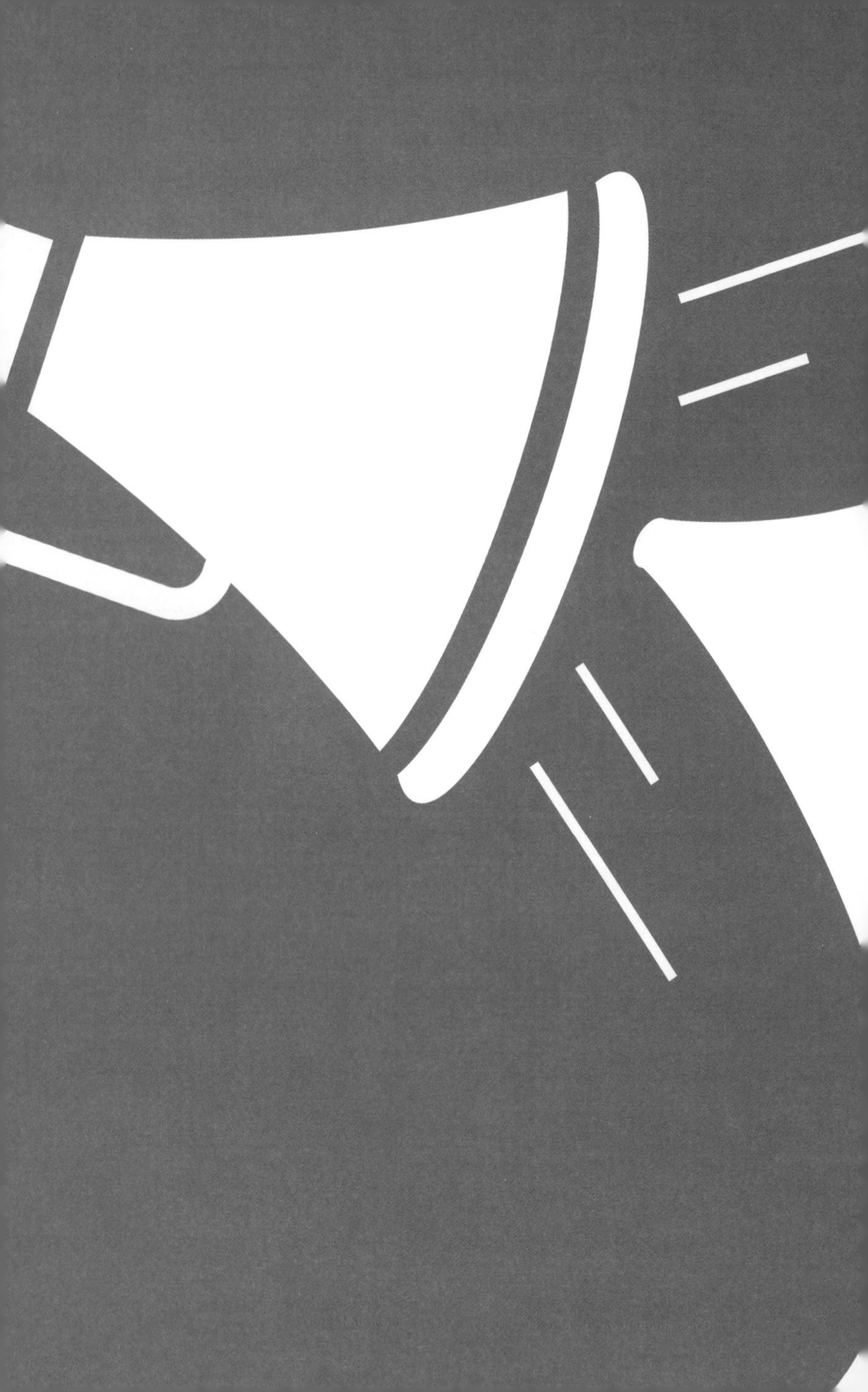

DICA DE OURO

"LER ESTATUTOS DE OUTRAS ORGANIZAÇÕES SEM FINS LUCRATIVOS É MUITO ÚTIL, AJUDA A REFLETIR E PENSAR NO QUE VOCÊ GOSTARIA DE TER TAMBÉM NO SEU ESTATUTO. É IMPORTANTE SEMPRE BUSCAR UM PROFISSIONAL DO DIREITO QUE TENHA EXPERIÊNCIA NO TERCEIRO SETOR, DE MANEIRA QUE ELE OU ELA POSSA AJUDAR A REDIGIR UM ESTATUTO ÁGIL E EFICIENTE PARA A SUA CAUSA. AFINAL, VOCÊ NÃO VAI A UM ORTOPEDISTA QUANDO TEM DOR NO CORAÇÃO, NÃO É MESMO?"

Pedro Ramos, sócio do Baptista Luz Advogados Associados, há mais de 15 anos atuando junto a iniciativas do terceiro setor e entrevistado para este capítulo do livro.

No ambiente legal, isso não é facultativo: siga as leis, faça contratos, cuide de seu estatuto e contrate advogados.

SUSTENTABILIDADE FINANCEIRA

Assim que um negócio de impacto estabelece em estatuto a sua missão, visão e alguns dos seus valores, o próximo passo costuma ser criar um plano de negócios. Ou, em outras palavras, criar uma estratégia para conseguir encontrar os recursos financeiros que vão conseguir fazer a sua roda girar e o seu negócio de impacto prosperar.

Um dos principais desafios do ambiente financeiro de uma iniciativa sem fins lucrativos é que essas organizações geralmente estão sujeitas a captação de recursos que geralmente não trazem retorno efetivo sobre o capital aplicado para os seus investidores. Ou seja, diferente do que acontece com os negócios com fins lucrativos, os investidores de iniciativas sem fins lucrativos têm o seu retorno de investimento contabilizado em outras moedas, como impactos sociais, mudanças efetivas do cenário em que se está inserido ou alguma alteração evidente a partir do impacto da sua organização. E, para conseguir fazer esse Retorno sobre investimento (ROI, do inglês, *Return on investment*) não financeiro acontecer, é preciso se organizar muito bem.

"Ih, Cris, o meu desafio é que eu odeio planilhas, sou apaixonado pela causa e quero estar no front de batalha." Eu sei, e isso acontece com mais frequência do que a gente gosta de admitir. Muitas vezes, os profissionais entram de cabeça em uma causa, levando apenas a paixão, esquecendo que é preciso arrastar também a parte racional para fazer uma boa administração (e um bom controle financeiro) acontecerem.

Se essa é a sua situação, também não há motivo para desespero. O importante é você trazer para perto pessoas que complementam as especialidades que ainda são lacunas para você. Lembra que, ao pensar em um estatuto, o mais recomendado é consultar um profissional do direito para alinhavar cada uma das cláusulas? Para garantir a sustentabilidade financeira da sua organização, é essencial que você consiga ter perto de você uma pessoa específica para fazer a gestão financeira.

Foi em uma conversa com a Camila Jordan, diretora executiva da ONG TETO[10], que comentei pela primeira vez que eu achava crucial que toda iniciativa sem fins lucrativos pudesse contar com o seu próprio "Grilo Falante" das finanças. Esse profissional funciona exatamente como o personagem fictício de *Pinóquio*,

---

10 TETO é uma ONG que trabalha pela construção de um país justo e sem pobreza, mobilizando voluntários e voluntárias para atuar lado a lado de moradores e moradoras em comunidades precárias de diferentes estados e regiões. Juntos, constroem soluções concretas e emergenciais que proporcionam melhorias nas condições de moradia e habitat desses territórios. Conheça mais em: https://teto.org.br/.

que era uma alegoria da consciência do protagonista da história. Da mesma forma que o Grilo Falante estava sempre aconselhando Pinóquio sobre a melhor coisa a se fazer, toda instituição sem fins lucrativos deveria poder contar com um bom aconselhamento financeiro ao tomar decisões administrativas. Contar com uma "consciência financeira" da sua organização sem fins lucrativos ajuda a evitar que você tome os pés pelas mãos e saia fazendo bobagens que poderiam ser evitadas. Vale desde o momento de receber recursos de doadores e investidores da sua causa (quando o Grilo Falante Financeiro poderá conferir se as exigências da doação, como relatórios e auditorias, não ultrapassam o bem financeiro causado) até a decisão sobre demitir ou não um colaborador fixo (o que qualquer gestor financeiro vai aconselhar fazer só quando existir caixa para acertar todas as despesas de uma rescisão contratual).

A organização desses profissionais referenciados tecnicamente para aconselhar também pode ser exatamente como o nome sugere: a criação de um conselho. O Conselho de Administração já é uma prática muito antiga das empresas do segundo setor, que possuíam acionistas e que precisavam ter seus interesses observados de forma organizada, executando e tomando as decisões do dia a dia (corpo executivo). Com a evolução do entendimento e das vantagens desse grupo, pode-se dizer que os mais diversos tipos de negócios podem se beneficiar da criação de corpos técnicos, inclusive os negócios de impacto.

Existem diversos cursos especializados, livros, *podcasts* e certificações específicas para a instalação de um Conselho de Administração. Isso porque, a partir do momento de sua instalação, esse grupo de aconselhamento precisa entender seus papéis e responsabilidades, ônus e bônus da função.

Se você ainda se considera desestruturado para ter um Conselho de Administração instalado, pense bem e busque descomplicar. Essa pode ser uma forma muito efetiva de ter especialistas auxiliando seu negócio com dedicação específica, com suas vocações e competências bem direcionadas.

Receitas – produtos e serviços

Quando fiz a transição da minha carreira do mercado corporativo para o terceiro setor, um dos meus principais aprendizados foi conseguir encontrar um meio-termo entre o que chamo de "objetivos puramente capitalistas" (ou seja, fazer dinheiro) e os objetivos assistencialistas e as entregas efetivas que poderia fazer para o mercado em que atuo (ou, em outras palavras, o impacto que queria causar). E, para conseguir fazer isso acontecer, o que rapidamente percebi é que precisava de um planejamento financeiro bom, consistente e que considerasse as eventuais volatilidades de recursos financeiros que eu teria disponíveis.

Geralmente, os recursos financeiros das organizações sem fins lucrativos se subdividem em "receitas recorrentes" e "receitas eventuais".

A depender da forma de organização da sua causa, podem estar incluídos entre as **receitas recorrentes** os valores relativos a doadores que são cativos, instituições que fazem doações significativas por longos períodos e, no caso de quem não é uma ONG, até mesmo recursos que o poder público poderá disponibilizar por meio de projetos de longo prazo ou parcerias. No entanto, todo gestor de uma causa sabe que as doações ou participações financeiras em negócios de impacto podem ser suspensas a todo e qualquer momento.

Por isso, um bom planejamento financeiro também costuma separar uma parte dos recursos da sua causa para a manutenção dessas receitas recorrentes, seja com campanhas para manutenção de doadores ou para fomento de novos associados, evitando o aumento da taxa média de saída dos "investidores" da sua causa que se declaram recorrentes (o que é conhecido como risco de "*churn*", uma referência ao movimento de "agitação" causado pelo movimento de saída de dinheiro da causa).

Além da recorrência que sua organização já tiver estimado, existem oportunidades de aumento do seu caixa com as **receitas eventuais**, que acontecem por meio da realização de projetos que podem ajudar a sua organização a ter um salto de inovação ou realizar aquela expansão que você está de olho há tempos. Esse tipo de recurso costuma ser muito interessante e, ao mesmo tempo, requer um pouco mais de atenção. Isso porque é importante incluir no seu plano de negócios e na sua gestão financeira um pensamento de longo prazo que vise a sustentabilidade dos projetos propostos.

Não tem nada mais frustrante para uma organização do que começar uma campanha de arrecadação para um projeto pontual, prometendo oferecer um benefício à sociedade, mas não ter condições de repetir o movimento por um tempo suficiente para que o impacto seja efetivamente positivo. Seria como organizar uma vaquinha para levar marmitas para quem teve sua casa destruída por conta de uma inundação, prometendo uma assistência a essas pessoas que estão desabrigadas, para lá na frente descobrir que o dinheiro arrecadado só permite oferecer marmitas no primeiro dia, em vez da semana necessária para que os desabrigados conseguissem reorganizar minimamente as suas vidas.

Contar com uma pessoa para auxiliar com um bom planejamento financeiro para a causa que você pretende defender inclui ter um entendimento muito claro (e preferencialmente planilhado) de quanto recurso será necessário para manter o projeto ativo por um tempo razoável, acertando os contratos em dia com os fornecedores e remunerando todos os funcionários necessários para que o projeto aconteça do início ao fim.

Receitas eventuais com produtos e serviços

Ao fazer um planejamento, é essencial entender de que maneira a sua organização conseguirá materializar o seu propósito e a sua missão em ações concretas.

Essas ações refletem como a sua organização será reconhecida pela sociedade no dia a dia, e podem ser tanto os produtos quanto os serviços sociais que a sua organização oferecerá à sociedade.

Cuidar da forma como você vai materializar a sua missão é tão importante quanto a sua missão em si. É importante refletir e tentar responder a perguntas do tipo "como você serve o seu público?", "como as pessoas se sentem quando estão em contato com você?", "como você atende à sua missão?" e até "como você entrega a sua missão?".

Levando isso para dentro da lógica do planejamento financeiro, é muito importante ter a clareza dos seus custos para que seja possível desenvolver um produto ou serviço à altura do seu sonho, do seu desejo e, claro, do que a sociedade espera da sua organização.

Calcule com cuidado quanto valem seus produtos e serviços

É preciso atenção para não cair na armadilha dos cálculos de valores de produtos e serviços. Ao organizar suas ofertas ao mercado, evite simplificações do tipo "vou cobrar duas ou três vezes o meu custo". É importante saber fazer cálculos de preços finais mais completos, que possam incluir não apenas os valores de custos ou contratação de terceiros, mas toda a operação que está envolvida naquela ação.

Justo eu, que gosto tanto das teorias de administração, cometo aqui um sacrilégio. Sei que não podemos generalizar, e que a forma de aplicar pode ser diferente da que trago aqui, mas aplico com muita facilidade, como linha-guia, uma conta básica que o famoso padeiro Benjamin Abraão ensinou para a minha mãe em um dos seus cursos. Ao ensinar como calcular o valor de venda de um pãozinho, ele sugeria que o preço final deveria ser dividido em três partes iguais:

- custo dos insumos utilizados no pãozinho, como sal, farinha e fermento;
- valor da mão de obra do(a) padeiro(a), ou seja, o valor do trabalho e da estrutura dedicada;
- lucro almejado.

Literalmente, uma conta de padeiro, é verdade. E como toda boa receita, tem um bom segredo: não se esquecer de nenhuma das três partes, ou não haverá equilíbrio; e ver as discrepâncias entre as partes para também conseguir oferecer algo economicamente viável.

É importante você colocar suas devidas proporções nas suas contas, mas não deixar de considerar todos os custos envolvidos direta ou indiretamente em uma prestação de serviço ou venda de produto.

Quer ver como isso também vale para outras práticas de mercado além dos pãezinhos? Imagine que um dos seus investidores quer apoiar duas causas e, em vez de te dar dinheiro em espécie, ele se oferece para entregar café. Excelente! O café será muito útil para o evento. Mas como você paga seus fornecedores, funcionários e equipe disponível para este projeto? Com café? E como vai conseguir acumular um dinheiro para um próximo passo da sua empresa, por exemplo, a contratação de profissionais qualificados, se estiver gerenciando seu negócio visando apenas a contenção das despesas?

É o famoso troco em balas no caixa da padaria. A bala tem um valor, mas não poderá ser utilizada em qualquer negociação. Contabilmente, as permutas (trocas em produtos e serviços) também são reconhecidas, mas tenha atenção e clareza de que esses recursos não "servem" para outros fins.

Manter um pensamento expansionista com relação aos recursos financeiros é conseguir ter uma mudança de mentalidade que acredito ser necessária em muitas das organizações com as quais tenho convivido ao longo da última década.

Concentrar o foco em encontrar fornecedores mais baratos, espremer custos ou receber serviços de baixa qualidade por meio de doações acaba invertendo, e até corroendo, os valores da organização. Uma conta "de padeiro" ajuda a construir um produto que tem um fim – mesmo que o fim seja oferecer um café da tarde quentinho para quem busca o pãozinho às quatro da tarde. Por isso, é muito importante que você pense no produto ou serviço social que quer entregar.

Quem atua com a prestação de serviços também precisa considerar que a maior parte dos custos normalmente é referente à mão de obra dos profissionais envolvidos, pois o "produto" que se vende é o tempo, o conhecimento e o serviço daqueles profissionais. Portanto, aqui o tempo de duração da prestação do serviço também é algo importante a ser considerado na hora de fazer uma precificação. O valor cobrado precisa ser capaz não só de bancar os custos do serviço a ser desenvolvido, mas também despesas acessórias, como impostos e infraestrutura, sem desconsiderar uma margem de lucro que permita que o negócio possa crescer.

Receitas – projetos emergenciais

Sempre que acontecia a oportunidade de um projeto pontual e emergencial, minha equipe já sabia que precisaríamos discutir juntos se, afinal, aquela proposta valia a pena. Isso porque, quando acontece uma "corrida assistencialista", especialmente em situações de apoio humanitário, alguns atos emergenciais acabam aparecendo de última hora e com bastante urgência para serem aprovados.

Tenho ao meu lado alguns "grilos falantes" que não me deixam sair do trilho. No meu caso, uma fiel escudeira chamada Luciana Oliveira, diretora de finanças e operações do IAB. Ela é o olhar cuidadoso, meticuloso e o respirar fundo, pensar com cuidado, porque a entrada de receitas para ações emergenciais pode dar a falsa sensação de que a sua organização está captando recursos.

Nesses momentos, a principal ferramenta que você pode usar é uma análise por competência e rascunhar uma gestão desses recursos para evitar incorrer em erros. E como você pode fazer isso? Bem, espero que os professores de administração não me detestem por fazer uma simplificação tão rasteira, mas, em linhas muito básicas, você precisa pensar o seguinte: o dinheiro só existe se o produto ou serviço já estiver na rua.

Pense comigo: você recebe adiantado, olha a sua conta no banco e comemora porque está cheio de *grana*. Êba! No entanto, o produto ou serviço que você vendeu só será entregue no mês que vem. Então, caro leitor e cara leitora, é melhor guardar a comemoração para o dia que você efetivamente *entregar* o que deve. Esse dinheiro só deveria ser celebrado, reconhecido e calculado nos cofres da sua organização *depois* que você fizer a sua parte do combinado com quem comprou ou financiou o seu produto ou serviço.

É difícil ver esse dinheiro no banco e não se sentir feliz por isso, mas o fato é que ainda existem várias coisas que a sua organização precisará fazer: fornecedores ainda serão contratados, impostos serão cobrados, a sua equipe precisará ser remunerada pelas horas de trabalho, e por aí vai. Será que o dinheiro que sobrar vai ser digno de comemoração?

Por isso, o caminho mais seguro ao dar de cara com oportunidades de projetos emergenciais é fazer esse equilíbrio entre receitas e despesas, colocando a data em que o serviço prestado é finalizado como a data certa para reconhecer as transações como finalizadas. Dessa forma, garanto que as suas comemorações serão mais justas, sem a sensação de desespero vinda de um engano matemático nas suas planilhas.

Por último, não menos importante, vale o cuidado de que a emergência atropela seus planos, fazendo com que as pessoas deixem de entregar o que estava planejado. É uma escolha: correr pela emergência e/ou entregar o que foi combinado. A conta precisa fechar.

Consulte um bom contador, converse com outros administradores e veja as diferenças, vantagens e desvantagens das análises e controles por "caixa" ou por "competência". Acredite, vale a pena!

Capital de giro mantém seu projeto funcionando

Outro assunto que muitos negócios de impacto não consideram com a devida atenção é o reconhecimento e o cálculo do capital de giro necessário para a iniciativa. Tentando simplificar termos técnicos, o capital de giro é o dinheiro que a empresa tem em caixa para a manutenção das suas despesas operacionais do cotidiano. De maneira muito simplificada, o capital de giro é um valor que a sua empresa precisa ter em conta para conseguir pagar o que deve, sejam esses gastos fixos (como o salário dos funcionários, água, luz, telefone) ou gastos eventuais que sejam necessários para o cumprimento da sua missão e serviços prestados pela sua organização.

O que se indica é que o capital de giro seja no mínimo igual e idealmente maior do que as suas dívidas, de maneira que sempre sobre algum "trocado" na sua conta. Esse trocado que sobra em conta é o famoso "fluxo de caixa positivo", que costuma garantir estabilidade para a organização, especialmente em períodos em que há escassez de recursos ou alguma situação emergencial.

É comum que muitos livros de administração e de gestão financeira tragam cálculos que são baseados na forma de funcionar de empresas do segundo setor, especialmente as que trabalham com a produção de bens. Por isso, esses cálculos mais tradicionais não costumam incluir a visão da prestação de serviços, menos ainda a prestação de serviços assistencialistas e a previsão de receitas que não são necessariamente 100% comprometidas, ou melhor, aquele dinheiro que entra e ainda sobra um tantinho.

Aos poucos, alguns cálculos de capital de giro têm se tornado mais modernos e estão sendo criados para representar as realidades de quem faz a prestação de serviços ou quem atua com negócios de impacto social.

De todo modo, cada organização deve cuidar de criar um cálculo personalizado para as suas dinâmicas, que considere o que é essencial para o cumprimento da sua missão e a construção da sua própria independência e capacidade produtiva como um negócio de impacto.

Um fluxo de caixa positivo é um excelente indicador para a sua organização! Em teoria, é como se ela estivesse gerando lucro para os seus sócios e investidores. Contudo, como as diretrizes das organizações sem fins lucrativos não permitem que elas digam que "geraram lucro", costuma-se dizer que essas organizações estão "superavitárias", ou seja, têm mais dinheiro em caixa do que custos operacionais.

E, se no segundo setor o superávit é transformado em dividendos (dinheiro) para os sócios e investidores, nas iniciativas do terceiro setor esses resultados positivos não devem ser distribuídos para ninguém, mas, sim, reinvestidos na causa. Isso significa que existe uma série de novos destinos que podem ser dados para esse valor, que vão desde melhorar os ganhos do seu pessoal, dando aumentos na sua folha de pagamento (se isso for sustentável), até investir em planos futuros, como expansões ou novos projetos.

Capital de giro sempre no azul

Garantir um superávit da sua organização pode ser crucial para a manutenção da sua missão. Para isso, lembre-se sempre de:

- ter um planejamento financeiro bem feito, preferencialmente por um especialista;
- não se esquecer de calcular o "dinheiro caso tudo dê errado" ou o famoso capital de giro;
- desenvolver planos de longo prazo, projetos futuros e destino para eventuais superávits;
- demonstrar para seus investidores/doadores que os projetos atuais remuneram seu crescimento;
- ser transparente quanto a prazos e metas financeiras.

Fale *financês* em poucos minutos

Expressões que você deve saber de cor para conversar com clareza com a sua equipe de gestão financeira.

Capital de giro: valor que a empresa precisa para custear sua operação. Segundo a Endeavor, a orientação é que essa reserva financeira possa suprir as necessidades da gestão financeira ao longo do tempo, evitando que não seja possível fazer pagamentos dentro do prazo, por exemplo. São considerados capital de giro os valores a receber, eventual estoque, valores em caixa e na conta corrente da empresa.

- Capital de giro = dinheiro existente *ou* agendado – dívidas/compromissos
- Capital de giro = (aplicações, caixa, bancos, contas a receber) – (contas a pagar, fornecedores, funcionários, empréstimos)

Receitas recorrentes: valores que a organização recebe de maneira frequente ao longo do tempo. Podem ser doadores cadastrados, empresas que firmaram convênios, doações que sempre chegam em um mesmo mês do ano, entre outros.

Receitas eventuais: investimentos que chegam à organização sem que houvesse uma expectativa prévia. Esses valores podem ter relação com doações que são feitas de maneira pontual, por exemplo, ou projetos de curto prazo que a sua organização pode firmar com a iniciativa privada ou o poder público.

Análise de resultados por competência: a forma de encontrar o dinheiro que entra e o dinheiro que sai para um determinado produto ou serviço APENAS quando ele for entregue. Mesmo se receber adiantado ou pagar seus fornecedores em prestações.

Doações tóxicas

Atenção para doações que atrapalham a gestão!

Negócios de impacto estão constantemente sujeitos à captação de recursos que, à primeira vista, parece boa ideia, mas que, no longo prazo, pode ser danosa. Isso costuma acontecer quando o recurso ou a doação chega à iniciativa com algumas exigências, que podem ser desde onde o valor deve ser aplicado (conhecidas como doações "amarradas" ou "carimbadas") até recursos que exigem um cuidado administrativo de alto custo, como a confecção de relatórios frequentes e detalhados ou a contratação de terceiros só para conferir se o trabalho foi bem feito, como auditores, advogados etc.

Vale ter um cuidado redobrado com qualquer capital que vier com uma contrapartida ou exigência que seja fora do comum para a sua organização. Há casos em que aceitar a doação pode sair mais caro do que, elegantemente, recusá-la. Conheça alguns tipos de doação que podem gerar dor de cabeça:

- **Doações com exigências caras:** quando o recurso a ser recebido exige um trabalho com alto custo, muito além daquele que foi doado, como uma auditoria, fornecedores e relatórios que a sua organização ainda não contratou. Conferir o que foi feito ou fazer o contrato desse prestador de serviços custa mais caro do que todo o dinheiro que você receberá.

- **Doações com contrapartidas inviáveis:** se o recurso a ser recebido pela sua entidade só puder ser utilizado em fases específicas de algum projeto, por exemplo, "o recurso só pode ser utilizado até o fim desta semana". Aí, a contrapartida pode se tornar difícil de executar. Muitas vezes, "dar um jeito" pode ferir diretamente seus valores e seu jeito de trabalhar.
- **Investidor ou doador com valores questionáveis:** o que, no meu mundo publicitário, é muito comum: escolher com quem você quer ser visto e como quer ser percebido. "Diga-me com quem andas..." Não observar o histórico e o posicionamento de quem faz negócios com você pode gerar um grande problema de reputação.
- **Investidor ou doador que afeta a autonomia da causa:** acontece, normalmente, quando estamos mais fracos e vulneráveis. Aquele momento que precisamos MUITO de dinheiro. Para continuar existindo, você pode aceitar um investimento ou doação que desvie a rota e a missão original da organização.

Pense e reflita com cuidado. A sobrevivência da sua causa depende de recursos financeiros, mas também depende da sua capacidade de seguir sua meta de impacto e os seus combinados.

Planilhas na mão, de olho na missão

Não perder o foco da sua causa de atuação pode ser algo muito complexo quando a sua organização se encontra em um momento de vulnerabilidade financeira. Por isso, logo depois do estatuto, cuidar da sustentabilidade financeira da sua organização é uma das tarefas mais importantes que os gestores da causa podem fazer por ela.

Além disso, a capacidade de tocar uma organização financeiramente independente trará outras importantes autonomias a longo prazo, como a capacidade de manter-se fiel aos seus princípios ideológicos, às suas propostas e à missão da sua iniciativa.

Gostando ou não, estamos inseridos em uma sociedade capitalista na qual o recurso financeiro é, sim, a base para conseguirmos evoluir nossos negócios, mesmo que eles não tenham fins lucrativos. Por isso, evite empurrar o desafio da gestão financeira para baixo do tapete. Organize o seu planejamento financeiro, contrate um profissional ou uma empresa para fazer a gestão e administração do seu caixa e reflita com cuidado ao aceitar tomar novos recursos. Lembre-se de que existem investimentos que podem vir com dependências muito sutis, mas que podem impactar a forma como você avança com a sua causa.

Com a tendência dos consumidores e clientes valorizarem cada vez mais empresas e companhias que se importem com suas comunidades e promovam impactos positivos na sociedade, haverá cada vez mais oferta (e pressão) por investimentos e doações para o terceiro setor. Ainda que a movimentação venha cheia de benevolência e boas intenções, é importante ter em mente que nem sempre esses investimentos se importam com a forma como a verba será aplicada ou com o potencial transformador daquele investimento. Para se resguardar, traga tanto a sua equipe jurídica quanto o pessoal do financeiro para perto, ouça o que os seus "grilos falantes" têm a dizer e aja de maneira precavida. Estabelecer contratos e práticas de transparência, incluindo cláusulas e condições de cancelamento e devolução de recursos caso lá na frente você perceba algo estranho, também podem ser maneiras de se livrar de um problemão mais adiante. O mais importante é manter suas planilhas à mão e os seus olhos fixos no horizonte da sua missão.

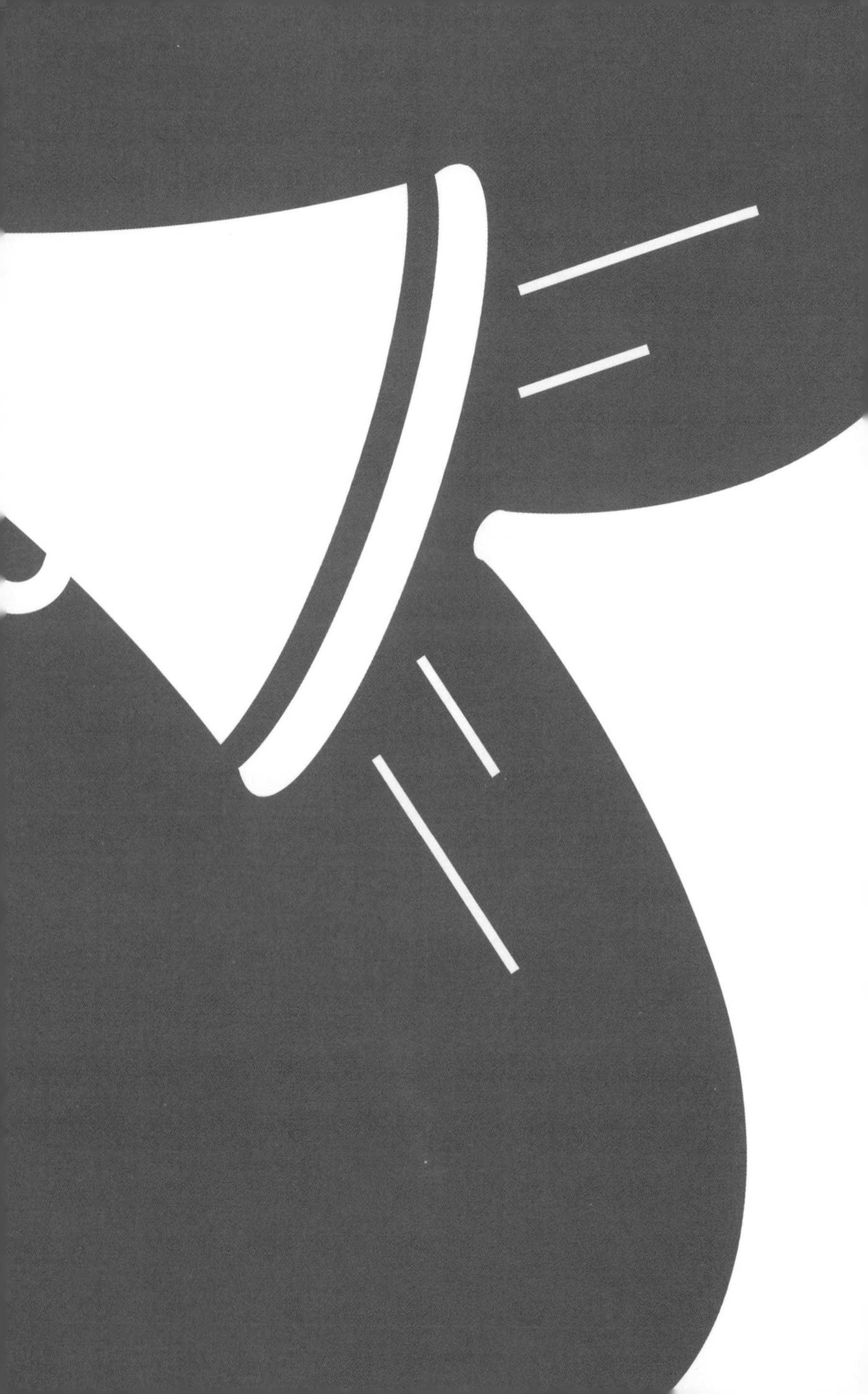

DICAS DE OURO

"INVISTA EM TRAZER PARA A SUA EQUIPE PROFISSIONAIS COM CONHECIMENTO TÉCNICO DE FINANÇAS. DIVERSIFIQUE SUAS ENTRADAS, AS DOAÇÕES QUE RECEBE, FIQUE ATENTO DE ONDE CADA UMA ESTÁ VINDO E NÃO DEIXE DE PRESTAR ATENÇÃO AO ESFORÇO EXIGIDO POR CADA INVESTIMENTO. ALGUMAS OPORTUNIDADES TÊM POUCA CHANCE DE DAR RETORNO. É IMPORTANTE MEDIR O ROI (*RETURN ON INVESTMENT*)."

Camila Jordan, diretora-executiva da TETO Brasil, ONG que atua lado a lado das comunidades pela superação da pobreza nas favelas mais precárias e invisíveis do Brasil, e entrevistada para este capítulo do livro.

"NÃO BASTA SER HONESTO, É PRECISO SER CAPAZ DE PROVAR QUE SE É HONESTO. PRESTAR CONTAS PARA O PODER PÚBLICO, PARA OS FINANCIADORES E EM RELATÓRIOS DE TRANSPARÊNCIA É PARTE DESSA PROVA QUE FAZEMOS TODOS OS DIAS."

Valmir Augusto, responsável financeiro da Aldeias, organização humanitária global que cuida de crianças e jovens, e entrevistado para este capítulo do livro.

"VOCÊ NÃO TEM QUE SER LEGAL, TEM QUE SER RESPONSÁVEL. VAMOS PARECER UMA PESSOA CHATA? TALVEZ. MAS FAZER O TIME ENTENDER OS RISCOS ENVOLVIDOS, TRAZER O QUE NINGUÉM QUER OUVIR QUANDO CHEGA UM PROJETO NOVO É PARTE DO NOSSO PAPEL."

Felipe Santiago Velasco, coordenador administrativo financeiro do Museu Judaico de São Paulo, ex-gerente administrativo financeiro da TETO e entrevistado para este capítulo do livro.

Uma boa gestão exige mente e coração. Encontre quem te complemente: se um traz a planilha na mão, o outro mira no horizonte da missão.

FAÇA O QUE É CERTO, MESMO QUE NINGUÉM ESTEJA OLHANDO

Falar sobre ética parece algo difícil de ser feito, mas vou contar a verdade para você: a dificuldade não é falar sobre agir de maneira íntegra ou levar a sério as regras definidas pelo time de *compliance*, mas conseguir se posicionar e respeitar as regras durante o dia a dia.

Afinal, as pessoas não chegam para fazer negócios antiéticos vestidas com uma camiseta com a frase "orgulho de ser antiético" estampada no peito. Ou, como me disse certa vez meu colega Felipe Santiago Velasco, que atuou como gerente administrativo financeiro da ONG TETO, ninguém chega para você numa bonita segunda-feira de sol e diz: "Bom dia, vamos lavar um dinheiro juntos hoje?".

Atitudes antiéticas, corruptas e completamente fora das regras de *compliance* acontecem de maneiras discretas, disfarçadas e misturadas com as muitas atividades que fazem parte do cotidiano da gestão das empresas. Sabe aquele pedido que chegou a você de maneira confusa, aquela doação que não estava tão clara como chegou até você, tudo em um movimento de correria? Ou aquele projeto que chegou tão em cima da hora que foi preciso "apostar" e fazer vistas grossas para uma porção de detalhes? É aí que mora o perigo.

No início da minha gestão do IAB, demorei para encontrar a forma mais eficaz de fazer minha equipe entender que agir com ética, além de ser algo obrigatório, deveria ser simples e básico, uma conduta quase automática no dia a dia. Afinal de contas, eu tinha plena consciência de que não seria a única a fazer as negociações em nome dessa organização, portanto, é importante que todos saibam as balizas que devem usar tanto para aceitar como para recusar negociações.

Além de estabelecer nosso código de ética e de conduta, com treinamentos periódicos, decidi inventar algo que, até agora, tem se provado válido: eu entrego duas cartas brancas a cada um dos funcionários do IAB Brasil assim que eles entram para a equipe. Essas cartas são entregues em uma conversa individual que eu faço com cada pessoa do time, logo após passarem por todos os seus devidos treinamentos de ética.

A primeira carta branca é uma autorização formal para que cada um possa **tomar decisões em prol do autorrespeito.** Ao ter clareza de que devem se autorrespeitar acima de tudo, espero que ninguém no IAB Brasil chegue ao ponto de se afunilar, se acanhar ou se calar ao se sentir coagido, desrespeitado ou maltratado em qualquer que seja a situação. O intuito é dar a essas pessoas o poder de falar, de abandonar uma sala ou de desligar uma ligação. Porque se elas não se sentirem autorizadas a tomar uma atitude, ninguém saberá o que está acontecendo ou, pior, pode achar que há espaço de negociação para atitudes questionáveis. Defendo que ser humano algum deva ser desrespeitado por ter um nível hierárquico menor, ou por não ter uma determinada formação, ou por ser diferente.

E a segunda carta autoriza cada um deles a **dizer não para coisas erradas**. Não é preciso consultar ninguém mais, a não ser a própria consciência. Cada um sabe que pode tomar suas próprias decisões, e o que eu espero é que, ao menor cheiro de qualquer coisa errada, a resposta a ser dada seja "não, aqui nós não fazemos isso". Vale para tudo! Recibo de táxis para reembolsos que não fecham? Não. Fechar um trabalho sem nota fiscal? Não. Falar uma coisa e escrever outra no contrato para que seja aprovado pelo jurídico? Não e não. E não é nem preciso consultar o financeiro, o chefe, não precisa conferir com ninguém: a resposta é essa, e ponto.

Sabe qual o efeito colateral que eu não tinha antecipado? Essa carta tem feito o faro da minha equipe ficar cada dia melhor para identificar o que não cheira bem! Achei importante criar essa formalidade porque acredito que esses são dois fatores essenciais para que esses profissionais da minha equipe possam efetivamente aplicar o que aprenderam nos treinamentos e consigam seguir o que estabelecemos no nosso código de ética e de conduta.

Princípios básicos de uma conduta ética

Dizem que ética a gente aprende em casa. Se isso é verdade ou não, eu não sei, mas como eu escolhi me casar com um profissional da área de *compliance*, isso pra mim não é apenas uma verdade, como também um imenso privilégio.

Entre as louças que lavamos e os jantares que preparamos, aprendi que é muito importante termos a clareza da diferença entre os conceitos de *compliance*, ética e integridade.

Peço licença ao professor e me arrisco a compartilhar o conhecimento. *Compliance* é o nome que damos para quando estamos fazendo algo dentro das regras estabelecidas por um determinado grupo ou organização. Ou seja, *compliance* nada mais é que estar em conformidade com os combinados. Por isso, você precisa saber em que ambiente está inserido, entender quais são as leis daquele setor e como aquele grupo ou organização se propõe a trabalhar com essas regras.

Já a ética tem a ver com o que se espera de alguém diante de uma determinada situação ou contexto. Por isso, muito além de simplesmente entender as regras, é preciso saber com clareza quais são as expectativas. Qual é a missão dessa empresa ou organização? Quais os princípios ou acordos que, redigidos ou não, regem as entregas que deverão ser feitas? Quando eu fecho um contrato com uma empresa que purifica água, espero isso dela. Fiz um contrato para construir casas e espero isso como produto final.

E por fim, a integridade tem a ver com o radical da palavra mesmo. Agir com integridade é o mesmo que fazer por inteiro, fazer as coisas do mesmo jeito, independentemente do ambiente ou do contexto. As pessoas íntegras mantêm seus valores e suas práticas para onde quer que forem.

Saber diferenciar cada uma dessas características é importante para entender por que as punições para atitudes pouco íntegras, antiéticas e avessas ao *compliance* são diferentes. O intuito da criação de regras e leis é exatamente evitar que existam infrações e/ou responsabilizar as instituições ou indivíduos que não zelam por comportamentos éticos, íntegros e em conformidade com o *compliance*.

Rotinas e a prática da integridade, da ética e do *compliance*

Se você é líder ou está começando um negócio de impacto, saiba que você terá responsabilidades não apenas com os beneficiários da sua causa, mas também com a sociedade como um todo. É esperado que as diretorias e as lideranças de organizações de impacto entendam o ambiente onde estão inseridas. A responsabilidade de agir com ética, de maneira íntegra e em conformidade com as regras estarão nas suas mãos (e, às vezes, nas suas costas!) e se você não tiver isso muito claro, pode acabar cometendo algum deslize por falta de conhecimento.

Por isso, procure conhecer as leis, entender quais são os riscos do seu negócio e quais são as suas responsabilidades éticas e legais na função de diretoria da sua organização. Digo isso porque ainda me surpreendo com a quantidade de pessoas que nem imaginam que podem ter seus bens pessoais bloqueados por conta de eventuais dívidas das suas empresas caso sejam responsáveis pela organização. Isso mesmo: seu carro ou até a sua casa podem ser arrolados para pagar as dívidas de CNPJs em que você é o responsável! É um exemplo simples, mas que ajuda a trazer a magnitude do seu envolvimento.

Liderar um negócio de impacto, ter uma causa a qual defender, pode parecer (e é!) bacana, mas o aspecto das nossas responsabilidades envolvidas nisso não pode ser deixado de lado. Leia, informe-se e traga para perto de você profissionais que ajudem a esclarecer os aspectos legais e as responsabilidades fiscais embutidas nessa jornada que você está trilhando ou que vai trilhar.

Assim como um malabarista, que segue em uma busca contínua pelo equilíbrio, nós também precisamos encontrar esse ponto que equalize o ônus e os bônus do trabalho associado a causas de impacto.

A minha sensação é que é igual andar de bicicleta: muitas vezes, a gente só encontra o equilíbrio enquanto está pedalando. Nada funciona neste mundo de forma estática. As leis mudam, as equipes se renovam, os riscos se alteram. E, como em qualquer exercício, os músculos das atitudes equilibradas, éticas e íntegras surgem a partir da prática. O resultado costuma vir com a consistência do que você se dispõe a fazer ao longo do tempo.

A parte chata é que conseguir viver tudo isso envolve uma boa dose de sentir, ver e exercitar, e nem sempre essas coisas são confortáveis ou fáceis.

Nessa altura do campeonato, a impressão que eu tenho é que estou desmotivando você, mas vai aqui uma palavra de incentivo: conforme a gente vai praticando, vai usando os conhecimentos no dia a dia, deixando os exemplos acessíveis e visíveis para a nossa equipe, vamos, juntos, pegando o jeito.

Por isso, da mesma forma que aplaudimos o projeto que deu certo e trouxe rentabilidade, aplauda também quando alguém do seu time sente o cheiro do malfeito e evita uma negociação corrupta. Elogie quem consegue se desvencilhar de uma situação que transgride os valores da sua empresa. Condecore quem encontra a coragem necessária para dizer aquele importante "não".

Esses exemplos explícitos, essa frequência de rotinas e processos éticos, a sequência de reconhecimentos por fazer a coisa certa vão não só aplicar os conceitos na prática, mas evitar que a sua causa perca seu rumo no meio da jornada. Caminhe devagar, mas com segurança. Um pé na frente do outro, e já não estamos mais no mesmo lugar.

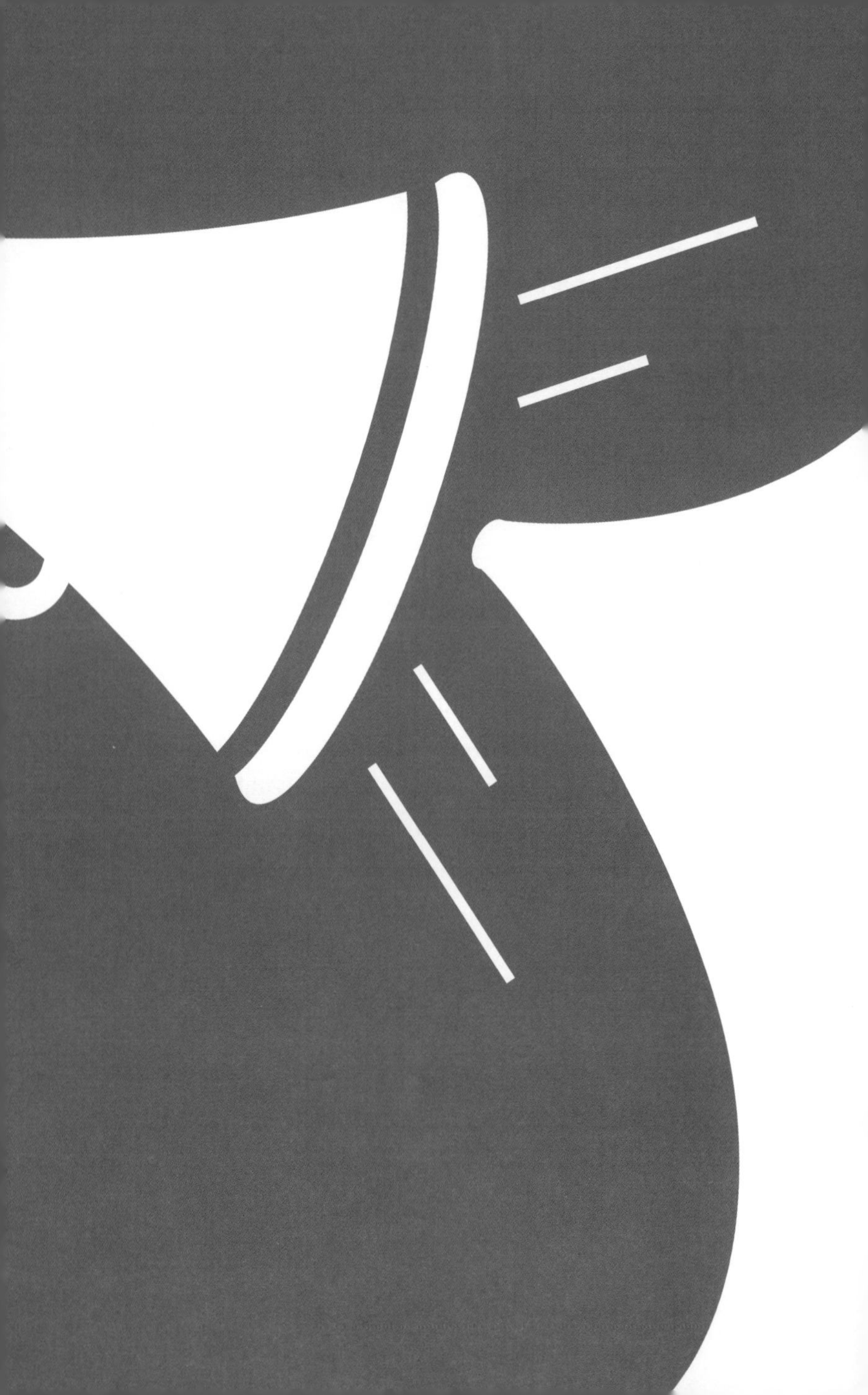

DICAS DE OURO

"A INTEGRIDADE É FUNDAMENTAL NÃO SÓ NA FORMA DE ADMINISTRAR, MAS ATÉ QUANDO A GENTE PENSA EM QUE PESSOAS OU EMPRESAS VAI PROCURAR PARA APOIAR A SUA CAUSA. REGRAS E MECANISMOS DE *COMPLIANCE* SÃO CRUCIAIS PARA ORGANIZAÇÕES DA SOCIEDADE CIVIL, MAS, NO FINAL DAS CONTAS, PARA DECISÕES COMPLEXAS, COMO ALGUMAS DECISÕES ÉTICAS, EU AINDA ACHO QUE O CORAÇÃO É UM ÓTIMO BALIZADOR. SE VOCÊ ESTÁ SENTINDO QUE A COISA NÃO ESTÁ CERTA, QUE NÃO VAI TE FAZER BEM, É MELHOR SEGUIR O SEU CORAÇÃO. SE NÃO HÁ REGRAS CLARAS QUE SE APLIQUEM, O CORAÇÃO É UMA BÚSSOLA MUITO IMPORTANTE."

Bruno Brandão, diretor-executivo da Transparência Internacional no Brasil e entrevistado para este capítulo do livro.

"CRIAMOS UM COMITÊ PARA ACOMPANHAR AS NOSSAS MEDIDAS DE INTEGRIDADE E AS REVISAMOS CONSTANTEMENTE. ATÉ PORQUE EM QUESTÕES COMO INTEGRIDADE E SUSTENTABILIDADE, NÃO EXISTE UMA "LINHA DE CHEGADA": É UM PROCESSO CONTÍNUO, QUE PRECISA DE REVISÃO RECORRENTE."

Carlo Linkevieius Pereira, diretor do Pacto Global da ONU, e entrevistado para este capítulo do livro.

"Não" já é uma frase completa.
Dê autonomia para
que sua equipe diga os
"nãos" necessários.
E dê o exemplo: nada melhor do
que ver atitudes positivas sendo
reconhecidas e celebradas.

NÃO BASTA SER, É PRECISO COMUNICAR O QUE VOCÊ É

A arte de comunicar é especialmente relevante para os negócios que visam impacto devido a um fato muito importante: uma das nossas principais moedas diante dos nossos doadores e investidores é a nossa confiança e credibilidade. Conseguir expressar esses valores é algo que se torna fundamental para a longevidade da sua organização e, por que não?, também para celebrar cada marco conquistado.

Construir a credibilidade e estabelecer uma relação de confiança com quem apoia a sua causa requer dedicação, transparência e muita verdade, não só nas atitudes, mas também na expressão e divulgação das atividades da sua iniciativa sem fins lucrativos. E, nesse sentido, a comunicação pode e deve ser uma importante aliada para construir relacionamentos autênticos com seus diversos públicos-alvo, conforme o objetivo de cada mensagem.

Um passo inicial importante para uma boa comunicação nos negócios de impacto tem a ver com a capacidade de explicitar o que aquela empresa irá realizar, para que serve, qual sua missão e quem são as pessoas que estão ali nos bastidores trabalhando para causar essa transformação.

Existem quatro frentes principais de comunicação que considero essenciais para gerar a base de uma relação transparente, autêntica e capaz de atrair um belo voto de confiança: a **comunicação dos valores da iniciativa**, a **comunicação de como são captados recursos, a divulgação das expectativas** e de eventuais ajustes de rota (se não der certo, o que a gente pretende fazer), além da sua **visão de futuro.**

Afinal, CNPJ nenhum faz algo sozinho: são necessários diversos CPFs juntos, realmente envolvidos, indivíduos dedicados a fazer acontecer e engajados em direção a um objetivo mútuo e transformativo. Faz uma diferença e tanto reconhecer em sua comunicação quem são as pessoas reais, como eu e você, que trabalham para fazer com que a missão se torne verdade e seus impactos sejam efetivos.

Fale a respeito e materialize os seus valores

Quando cada organização é criada, os fundadores são sempre convidados a pensar nos motivos pelos quais aquela iniciativa existe. Qual o objetivo primordial, qual a missão a ser cumprida? Como reflexo, aos poucos, cada negócio vai definindo seus principais valores de atuação. Trata-se daquelas características e atitudes da organização que são inegociáveis, ou o seu jeito de fazer, como ética, transparência, valorização do ser humano, inclusão, entre tantos outros.

É fundamental que esses valores não fiquem restritos apenas ao estatuto ou à definição da cultura de trabalho da sua organização, placas na parede, nos crachás ou nas camisetas. Falar sobre esses valores na sua comunicação por canais diversos – como sites, mídias sociais, vídeos ou palestras – é importante para deixar claro o que não é negociável para a gestão da causa. Comunique esses valores com recorrência, tanto para o público externo, como voluntários, doadores e investidores, quanto para o seu público interno, como funcionários e fornecedores. Um ponto fundamental é ter certeza de que esses são os *seus* valores, a sua forma de fazer, o que você acha que vale como característica essencial para você e sua causa.

Existem hoje diversos acadêmicos da área de cultura corporativa, como Paul Ingram, que defendem veementemente que os valores são as nossas ferramentas de trabalho. Eu tendo a concordar com eles, e, na minha cabeça, os valores são ferramentas mesmo. Daquele tipo que você coloca numa caixinha e carrega com você debaixo do braço, porque são essenciais para o seu trabalho acontecer.

Os nossos valores devem nos servir de maneira muito prática no nosso dia a dia, da mesma forma que um martelo ou uma chave de fenda serviriam para um dia de consertos na casa, sabe? Um exercício interessante que você pode fazer é buscar o seu quadro de valores – seja da sua organização ou o seu quadro de valores pessoais – e tentar fazer a correlação de como cada um deles se materializa no seu cotidiano, nas suas negociações e nas suas mais diversas relações.

Fizemos isso recentemente no IAB Brasil. Um dos nossos valores, por exemplo, é a democracia. Quando fiz uma lista de onde eu conseguia encontrar esses valores aplicados, vi que enxergava processos democráticos nas minhas tomadas de decisão com a diretoria e nos nossos comitês.

E não parei por aí: pensei também onde faltava a aplicação desse valor. Será que essa tal "democracia" que tínhamos como um valor tão importante não deveria ser utilizada também em algum outro canto da empresa, em algum processo ou rotina que eu estivesse deixando de observar? Esse tipo de "lista do que ainda falta", nesse sentido de implementar nossos valores na prática, é um processo constante, algo que as lideranças devem estar sempre de olho para fazer uma boa gestão.

Porque no final, se você não consegue "jogar o seu jogo" no dia a dia, se não consegue perceber seus valores como ferramenta para as situações da vida real, esses valores não estão ajudando você ou a sua organização a ser quem vocês gostariam de ser.

Pode parecer algo banal, mas é importante se dedicar para perceber se os valores estão refletidos nas nossas práticas. Nossos valores devem ser termos, palavras ou processos tão enraizados, que a equipe nem precisa parar para pensar sobre eles, simplesmente faz daquele jeito. Não basta falar que "honestidade" é um dos valores – é preciso ser honesto, sincero e verdadeiro nos relacionamentos, tanto internos quanto externos. Isso faz parte da forma como a sua empresa se comunica.

Para quem já teve a oportunidade de conhecer um pouco das teorias da comunicação, existem algumas bases de cálculo para desenvolver uma comunicação que seja eficiente e eficaz. Geralmente, isso é feito observando com atenção características como a frequência (quantas vezes você passa uma determinada mensagem) e o alcance (até quem a sua mensagem chegou). Pense nesses fatores quando for planejar a melhor maneira de se comunicar com seus diversos públicos. Lembre-se de que é preciso falar o suficiente para que as pessoas se lembrem desses valores de maneira automática, além de garantir que a mensagem está alcançando as pessoas corretas.

Deixe claro a forma de captação de recursos

Como já comentamos, a sustentabilidade financeira dos negócios de impacto é imensamente relevante para a longevidade da sua causa. Por isso, é importante que o seu time saiba da importância de comunicar de maneira transparente a forma como cada recurso financeiro é obtido e investido.

O intuito desse tipo de comunicação é conseguir responder a uma pergunta simples que muitas pessoas podem fazer ao ver uma causa bem-sucedida: como é que esses caras ganham dinheiro com isso?

Eu sei que é triste perceber como as pessoas subjugam ou distorcem a capacidade de geração de valores dentro de um negócio de impacto, mas confie em mim: dar transparência à forma como você capta recursos, de onde eles vêm, como vêm, ou até quem colabora para o seu sucesso, é uma forma essencial de deixar ainda mais transparente a sua real vontade de causar impacto.

Além disso, esse tipo de transparência nas mensagens da sua organização também permite indicar a capacidade da sua iniciativa de se manter sustentável por mais tempo (quando há superávit de recursos) e até de apostar em novos projetos ou expansão de atividades, caso receba mais fundos.

A transparência sobre processos bem desenhados ou a presença de auditorias externas podem ajudar mais do que você imagina! Muitas empresas estão hoje interessadas em investir em negócios de impacto, mas é cada vez menor o número de empresas que se dispõem a assumir riscos desnecessários. Ter a sua documentação em ordem, suas contas bem-organizadas, produzir relatórios financeiros, ter registros contábeis e resultados de auditorias em mãos é o tipo de atitude que abre portas com potenciais investidores e empresas que também são bem estruturados em seus valores. E mais do que abrir portas, isso ajuda a aplicar aquele valor da "transparência" diretamente em cada um dos negócios que você vier a fazer.

Expectativas de curto prazo e ajustes de rota

Muitas organizações sem fins lucrativos e negócios de impacto contam com o suporte não apenas de doadores e investidores, mas também de pessoas, indivíduos que se voluntariam para auxiliar a causa de maneira prática. São pessoas que se dispõem a dedicar algumas de suas horas de trabalho sem receber uma remuneração financeira para auxiliar uma causa a deslanchar em direção à sua missão.

O combinado não sai caro, não é mesmo? Sua organização pode aproveitar essa oportunidade ao comunicar antecipadamente o que espera e o que pode oferecer a potenciais voluntários. Quer dizer, que tipo de *expertises* a sua equipe precisaria neste momento? A necessidade está mais relacionada à *expertise* (como a especialidade em finanças ou em direito contratual) ou à capacidade de usar a força física de pessoas engajadas com a causa (como para um espaço ou carregar caixas)? O relacionamento com equipes voluntárias pode ser crucial para o sucesso de algumas das suas atividades – vamos abordar isso com mais detalhes no próximo capítulo –, mas a comunicação com potenciais interessados é um primeiro passo para a construção de um relacionamento sólido com essas pessoas. Faça o possível para ser transparente tanto com as necessidades quanto com as oportunidades de recompensa, que muitas vezes não precisam ser financeiras.

Aliás, essa mesma transparência também deve ser utilizada para comentar sobre eventuais fracassos e ajustes de rota nas suas atividades. Problemas sempre acontecem, contextos se alteram, mas a credibilidade e a confiança na sua causa podem ser mantidas se você souber comunicar com clareza o que houve de errado, quais os aprendizados e quais os próximos passos a serem tomados. O importante é não deixar um deslize se tornar um desastre ao não abrir um espaço de diálogo sincero com quem está apoiando a sua iniciativa.

Comunique sua visão de futuro

Você já disse do que você é feito (seus valores), como se mantém (seus recursos) e o que pretende fazer no curto prazo (seus próximos passos). Tudo isso é realmente muito importante. Mas que tal falar sobre aqueles sonhos inatingíveis até o momento? Quais são seus "planos de voo"? No médio e longo prazo, quais as transformações que você gostaria de poder realizar? E como o mundo será melhor quando esses objetivos forem alcançados?

Esses "sonhos" podem ser comunicados, mesmo que de forma fantasiosa, ambiciosa demais, mas é por aí que os sonhos começam a virar verdade. Uma grande amiga criou uma agência de publicidade e não se fazia de rogada. Ao ser questionada sobre o futuro da empresa que havia criado, ela logo mandava bala: criei esta empresa para vender. Ainda temos aquela dúvida sobre o que devemos falar sobre nós mesmos, se nossas ideias serão roubadas, se é cedo demais para colocar uma ideia na mesa.

Escolha um grupo menor para comunicar grandes ambições, mas não deixe de falar. Uma comunicação certeira e assertiva pode estar no centro da sua capacidade de avançar com o seu propósito e impacto. Ou, como eu gosto de dizer, não basta ser uma organização com um bom estatuto, bem gerida, com um fluxo sustentável de recursos e boas dinâmicas de ética e *compliance.* É preciso parecer ser tudo aquilo que se é. Parecer esse sonho grande, essa força que move e tangibiliza impactos essenciais para a sociedade.

Muitas vezes, na ânsia de fazer acontecer, damos foco excessivo a resolver problemas do dia a dia e correr atrás dos nossos objetivos para a semana que vem, deixando a comunicação das nossas metas, anseios, planos e grandes passos em segundo plano. É preciso comunicar, falar, repetir e, principalmente, ter certeza de que as pessoas certas entenderam esse recado, para que a mensagem seja capaz de mobilizar e engajar.

A mensagem certa para cada um

Durante uma das nossas conversas para a construção deste livro, Edu Lyra, CEO e fundador da Gerando Falcões, uma ONG absolutamente transformadora, deu um recado muito claro: "Nós, que lideramos o terceiro setor, ainda somos muito tímidos na hora de comunicar o impacto que geramos".

Empresas do segundo setor, por exemplo, muitas vezes dedicam centenas de milhares de reais em campanhas publicitárias gigantescas para dizer que 10% do seu lucro será destinado para algum impacto. Enquanto isso, o terceiro setor, que dedica 100% de tudo o que tem para uma causa semelhante, passa anos sem dizer isso a ninguém. Percebe a diferença?

Envolver, sonhar junto, crescer de forma coletiva, tudo isso só é possível quando realmente temos um sonho que é compartilhado e, principalmente, quando todo mundo sabe como faremos para chegar até lá. E não estou falando de comunicar apenas para investidores ou doadores: deixe a timidez de lado e traga para frente a ousadia de se orgulhar da causa para a qual você se dedica, não importa quem seja a audiência.

Só não vá me fazer esse movimento sem uma estratégia clara de comunicação. Tenha objetivos claros para garantir que sua comunicação será bem feita, tornando-se uma ferramenta para o desenvolvimento do seu negócio de impacto. O segredo aqui não é apenas "falar ou dizer", mas efetivamente comunicar e se fazer entender. Como ferramenta, a comunicação não é apenas exibição: ela serve para algo. Por isso, pense com cuidado no resultado que você espera que cada mensagem tenha para quem a escutar. Reflita sobre o tipo de retorno que você espera de cada uma das pessoas que forem alcançadas pelo que você tem a dizer. Afinal, "quem não se comunica, se trumbica" e não ganha nem crítica!

A fórmula de sucesso da Gerando Falcões

Conheça os cinco pilares do sucesso da comunicação da Gerando Falcões

Para o fundador e CEO Edu Lyra, não basta comunicar a causa que move a missão da organização, mas também a forma como o negócio pretende gerar o impacto necessário. "A maneira como a causa será transformativa muitas vezes importa tanto quanto o que se quer transformar", me contou Lyra. Para ele, existem cinco pilares básicos que sustentam o sucesso da comunicação da sua causa.

- **Evidenciar a escala da solução,** mostrando quão transformativa é a proposta.
- **Destacar a capacidade de gestão da solução,** que deve ser feita com pessoal capacitado.
- **Propor inovação,** qual sua forma de resolver os problemas e o que você traz de diferente.
- **Ser transparente,** mostrando até por meio de auditorias que faz a coisa certa do jeito certo, sem buscar atalhos.
- **Garantir a recorrência,** comunicando com frequência, cadência e consistência.

Prepare bem os porta-vozes da sua organização

Nos estudos de comunicação, a expressão "porta-voz" designa a pessoa ou profissional que fala oficialmente em nome de alguma instituição ou organização.

E sabe quem geralmente é o porta-voz? Sim, as pessoas que estão nas lideranças. E quem é líder sabe que tudo, absolutamente tudo, comunica. Não são apenas as palavras usadas, mas também a forma como nos apresentamos, como fazemos negócio, como organizamos nosso escritório, se mantemos a mesa arrumada ou mais bagunçada, até o gosto por plantas exóticas e a caneca do seu time de futebol comunicam alguma coisa!

Por isso, o cuidado que um porta-voz precisa ter não só com o que diz, mas também com o que faz, é essencial para a comunicação de uma organização, inclusive em negócios de impacto. Quer dizer, se você está sempre atrasado ou se chega com antecedência, isso comunica sua dedicação. Se você nunca tem tempo de almoçar, ou se consegue parar dois minutos para ligar para a sua tia e desejar boa sorte em um projeto que ela está começando, isso tem também um significado. Você que é líder tem que ter essa clareza de que todo movimento, mesmo que não seja coreografado ou roteirizado, vai passar uma mensagem e comunicar alguma coisa.

Por isso, assim como em qualquer tipo de negócio, as lideranças dos negócios de impacto precisam ser críticas e criteriosas a respeito de como querem ser vistas e percebidas em meio a esses inúmeros símbolos, sinais e significados que podem estar codificados não só no que se diz, mas na forma como cada pessoa se apresenta enquanto representa a sua causa.

A pessoa porta-voz, como o próprio nome explica, é aquela que carrega a voz da causa. Só que o mais importante não é entender apenas quem é capaz de *carregar essa voz*, mas quem é a pessoa que consegue carregá-la *da forma que se deve*, conforme a organização precisa, usando todos os valores que estão associados a ela. Ou seja, é preciso carregar não só a voz, mas também levar debaixo do braço aquela caixa de ferramentas com os valores necessários para que essa voz alcance o tom e o volume certos.

É um trabalho complexo e, sem dúvida, muito importante. Muitos dos líderes de negócios de impacto costumam trazer para si o papel de ser o porta-voz da sua causa, personificando bastante sua associação com aquela organização. E isso pode ser algo muito bom! Além de materializar e humanizar aquela voz, isso também torna autêntico todo o discurso que se faz, especialmente porque a pessoa que carrega a mensagem por vezes vive ou viveu aquela causa na própria pele. Em alguns casos, é possível ver a dor que seria para um porta-voz ter que viver sem estar associado àquele propósito ou sem viver aquela esperança de dias melhores.

Existe, sim, uma magia única quando encontramos alguém que consegue mobilizar, encantar e mover uma massa em prol de uma causa. É algo fenomenal, que nos aproxima como seres humanos e que atrai os olhares e os corações para uma transformação social.

Contudo, não é só de aplausos que vive um porta-voz. Ao ser o veículo, a voz da causa, ele também se expõe como pessoa. A mesma personificação que encanta também pode atrair quem desgosta da forma que aquele porta-voz age, fala ou é.

Não estou falando de preconceitos ou aspectos socialmente inaceitáveis, como discriminações com base em diferenças de gênero, cor, raça, religião ou nível social. Muitas vezes, mesmo que exista um alinhamento ideológico com a causa, existe uma espécie de repulsa com a pessoa do porta-voz. Não é algo raro que porta-vozes tenham sua capacidade de entrega questionada ou que sejam impiedosamente criticados por qualquer ato que possa causar dúvidas ou desmerecimento sobre a qualidade do seu trabalho.

Quem for abraçar a missão de ser a pessoa porta-voz precisa estar consciente que, como toda e qualquer outra função, essa também trará ônus e bônus. Por isso, se você for adepto do improviso, de dizer verdades e apostar em espontaneidade, saiba que os demais poderão adotar postura semelhante. Respire fundo e abrace os dois lados da grandiosidade de estar à frente e portando a voz de uma instituição. Prepare-se para receber aplausos e pedradas. Um bom planejamento, além de treino, certamente pode ajudar.

Cuidado com os apaixonados pela sua causa

Se tem uma coisa que é fácil na jornada de quem lidera uma iniciativa de impacto é encontrar gente que se encanta pela sua causa. São pessoas físicas e empresas que sem sombra de dúvida querem estar coladinhas em você. Nada como a sensação de estar transformando o mundo para melhor, não é mesmo?

Só que é preciso estar atento aos mais apaixonados. Hoje, mais do que nunca, comunicar a própria benevolência às vezes é mais importante (e rentável!) do que efetivamente ser benevolente. Sabe por quê? Porque é lindo se apresentar como pessoa voluntária de uma ação humanitária, exibir publicamente todas as doações feitas, tirar fotos e publicar nas mídias sociais o engajamento, seja pessoal ou institucional, com um projeto de impacto.

Para as empresas, inclusive, essa associação pode ser até rentável. Muitas corporações estão interessadas no *status* positivo que conseguirão ter ao se associarem a organizações de impacto. A belíssima expressão em inglês *greenwashing* traduz muito bem a forma como algumas empresas querem se aproveitar desse relacionamento com organizações do terceiro setor, "lavando" a sua reputação ao investir parte dos seus recursos financeiros em ações socioambientais que amenizem os impactos sociais causados por elas.

Seja por motivos relacionados ao ego das pessoas ou as eventuais obrigações contratuais ou legais que exigem uma compensação pelas atividades exercidas por uma determinada corporação, é muito provável que os interessados pela sua causa sejam muitos. Mas será que é esse tipo de parceria que você quer firmar? Será que é esse tipo de apoio que você gostaria de forjar para a sua organização?

E tem mais: não podemos esquecer que quando uma organização de impacto se associa a alguma marca ou grupo específico de negócios, também está declarando publicamente (ou seja, comunicando à sua audiência) que existe um alinhamento de valores entre as duas partes. Portanto, é preciso ter muita clareza sobre o custo-benefício dessa relação com o passar do tempo, e entender que oportunidades são bem diferentes de oportunismos. Tudo comunica! Coloco este tópico dentro do capítulo de comunicação porque o simples fato de estarmos ao lado de certas empresas pode ser um grande e potente canal de comunicação para construção (ou até desconstrução) de tudo o que você sempre buscou. Esteja ciente.

Com isso em mente, mantenha-se alerta diante dos apaixonados pela causa que se aproximarem de você. Lembre-se de que a autenticidade tem que acontecer não apenas da porta para dentro, como um valor compartilhado entre o seu time, mas também da porta para fora, quando a sua organização for se relacionar com terceiros, fornecedores e investidores.

Quando bater a dúvida sobre que decisão tomar a respeito de potenciais parcerias, pode ser interessante lembrar do conselho que recebi de Edu Lyra. Segundo ele, que segue capitaneando a Gerando Falcões de maneira brilhante, o principal segredo das ONGs de sucesso tem a ver com conseguir fazer uma boa entrega para a sociedade, a partir de uma missão poderosa, inspiradora, grande e desafiadora. "Não esqueça de ser guiado pela sua missão. Se usar a sua missão como base, todas as respostas ficarão mais fáceis de serem dadas", aconselhou.

Crises de comunicação: como lidar?

Sabe aquela conversa de que quem vai aprender a pedalar precisa estar ciente que eventualmente poderá cair? Pois bem. Vale o mesmo para quem vai comunicar qualquer coisa. Por maior que seja seu cuidado, o seu esforço ou a sua dedicação, eventualmente você poderá ser mal interpretado, mal-entendido ou simplesmente incompreendido mesmo.

Problemas de comunicação acontecerão, e a verdade é que quanto maior e mais conhecida for a sua organização, maior será a sua exposição a esse risco da má compreensão.

Para complicar um pouquinho mais, é comum que as lideranças das organizações de impacto sejam forjadas pela prática, aprendendo enquanto vão fazendo. Por isso, muitos dos conhecimentos que elas desenvolvem, sejam multidisciplinares ou dedicados a áreas como finanças, governança ou até comunicação, possuem lacunas aqui ou acolá, o que aumenta essa probabilidade de risco.

Isso pode ser comum e normal, contudo, não faz com que seja fácil superar os obstáculos do caminho. Dessa forma, ao se posicionar à frente de um negócio de impacto, vá, aos poucos, desenvolvendo o seu sangue frio e racionalidade para diferenciar quem você é e como o que você é pode afetar a imagem do seu negócio.

Uma das formas de fazer isso é fazer listas. Eu gosto bastante de fazer listas! Elas são um dos métodos mais simples e eficientes para não perder as coisas de vista. Imagine, por exemplo, conseguir fazer uma lista de tudo o que você acha que pode dar errado, que pode incluir não só a sua criatividade para cenários catastróficos, como também exemplos de organizações parecidas com a sua que tenham sofrido com alguma crise no passado.

E já aviso que a lista pode ser grande: ataques de ódio (o famoso *hate*) nas mídias sociais; ter seus bens pessoais apreendidos por uma dívida da organização; ver seu negócio reduzido a nada por falta de investidores; sofrer com um escândalo envolvendo alguém da sua equipe. Todos esses fatores, quando sujeitos à exposição pública, podem gerar uma crise reputacional e de comunicação que, certamente, lhe trará dor de cabeça.

Mapear cada um desses potenciais riscos de crise e entender a real probabilidade de cada um deles acontecer é o primeiro passo para, veja só, evitá-los! É a partir desse mapeamento de riscos que você conseguirá avaliar que tipo de perfil você quer manter próximo, de que tipo de perfil você precisa se afastar e até que atitudes preventivas você poderá tomar.

Com o mapa dos riscos em mãos, é hora de planejar com antecedência como seria a gestão de cada uma das potenciais crises. Se preparar para uma crise pode parecer pessimista, mas é esse tipo de antecipação que vai te permitir ter, por exemplo, uma lista dos profissionais, fornecedores, parceiros ou pessoas do time que precisam ser acionados nos momentos mais críticos que, geralmente, vêm envolvidos de pouco tempo de reflexão e urgência nas ações.

E, como diz o personagem de comédia Craque Daniel, "mesmo se você se esforçar, nada garante que você vai conseguir estar preparado quando a crise chegar". Ninguém está 100% pronto para quando um tsunâmi chega, mas, ao tentar imaginar e projetar uma situação de risco, você vai exercitar não só sua consciência, mas também sua capacidade de agir e a rede de apoio que vai precisar quando uma eventualidade dessa chegar. O importante é, dentro das suas possibilidades, estar minimamente preparado e cercado por especialistas que possam apoiar você a tomar as melhores decisões possíveis em um momento de crise.

Seja e pareça!

Ao cuidar da comunicação de uma organização sem fins lucrativos, garanta os seguintes pilares.

- Defina ritmo e frequência: estabeleça uma cadência para a sua comunicação que seja executável para o seu time e que chegue às pessoas certas.

- Não enrole, apenas fale: comunique de maneira simples e direta, de maneira que a maior parte das pessoas consiga compreender.

- Tudo comunica: suas parcerias, suas reuniões, sua forma de fazer. Fique esperto!

- Sua verdade, sua força: a força da causa está naqueles que puderam viver, experimentar e sentir. Use essas sensações para se comunicar. Isso é poderoso!

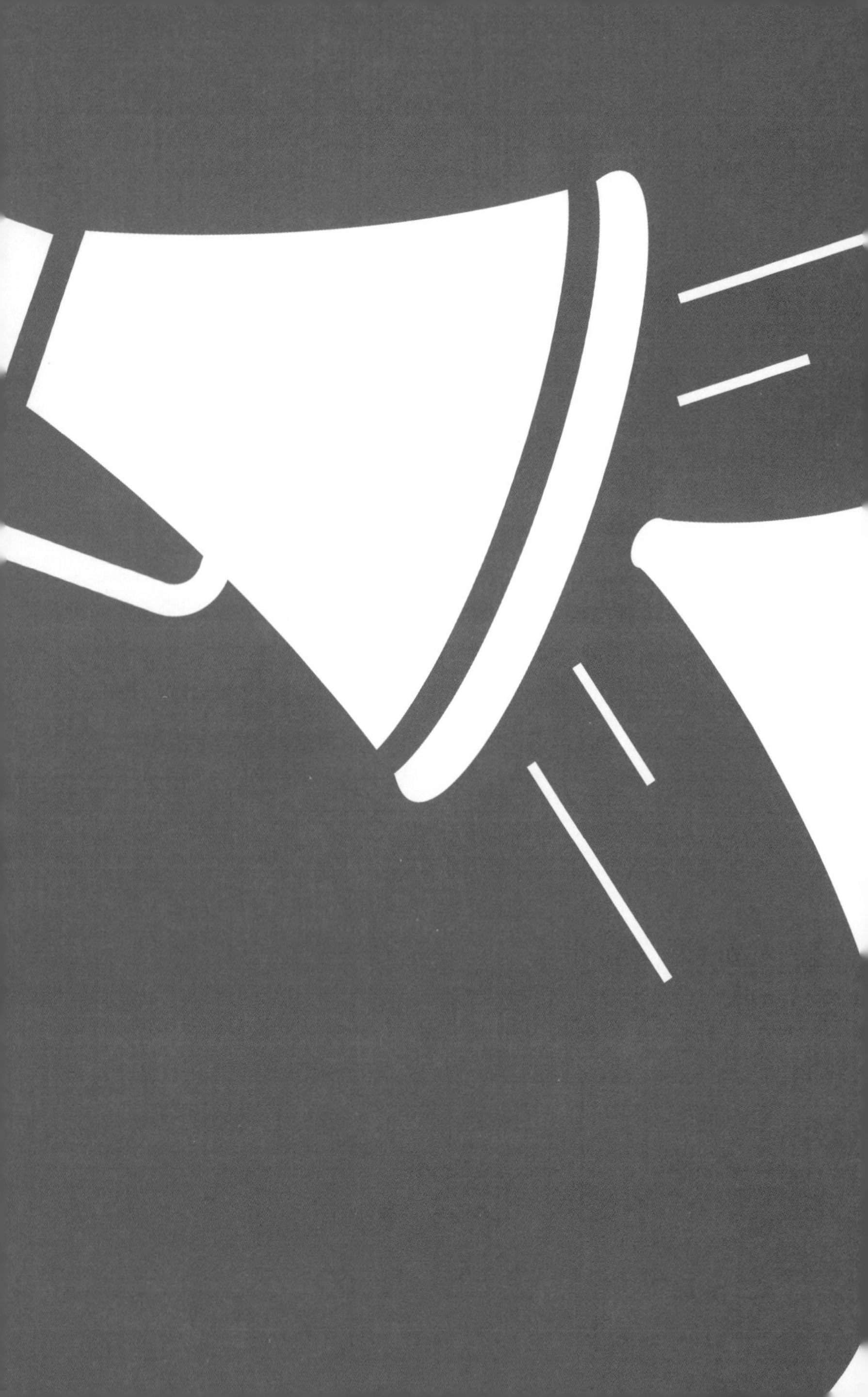

DICA DE OURO

"TODO MUNDO NA VIDA ESTÁ CORRENDO POR ALGO: TEM QUEM CORRA PARA TER UM SALÁRIO NO FIM DO MÊS, PARA COLOCAR O FILHO NA UNIVERSIDADE, PARA FAZER UM *IPO*, ENTRAR NO ÍNDICE DE BILIONÁRIOS DA FORBES OU CORRENDO POR MEDALHA DE OURO NAS OLIMPÍADAS. VOCÊ ESTÁ CORRENDO PELO QUÊ? TENHA ISSO CLARO NA SUA MENTE E FAÇA SUA MELHOR CORRIDA POSSÍVEL."

Edu Lyra, fundador e CEO da Gerando Falcões, rede de ONGs de desenvolvimento social que atua para acelerar o poder de impacto de líderes de favelas de todo país e entrevistado para este capítulo do livro.

Comunique o que você faz. O terceiro setor impacta muito, mas ainda é tímido demais.

UM TIME FORTE PARA EXECUTAR A SUA MISSÃO

Da mesma forma que qualquer outra empresa, organizações do terceiro setor gerenciam recursos muito valiosos: o mais clássico deles são os recursos financeiros, o dinheiro, a bufunfa; o outro recurso muito importante é o tempo; e, não menos importante do que os dois anteriores, está um recurso com o qual não podemos falhar: a gestão de pessoas.

Nas minhas andanças e conversas com diversas organizações do terceiro setor, percebi que a mesma história costuma se repetir. Tudo começa com um sonho, uma vontade, um cantinho, pouca organização, um crescimento desnorteado que em certo momento explode em uma urgência de parar para que seja possível crescer. Como nas plantas, é como se fosse preciso podar para que cresça mais forte.

No entanto, por mais dedicado que seja um único indivíduo que queira fazer a diferença neste movimento de empreitada social, nenhum sonho se concretiza sem um grupo de seres humanos reais trabalhando por ele. Nenhum sonho ganha escala sem outras pessoas envolvidas e movidas pelo mesmo ideal. Ninguém consegue ser tudo o que precisa sozinho, e ainda bem! Somos complementares, e por isso fiz questão de incluir este capítulo dedicado à importância do desenvolvimento de uma equipe que funcione para o seu negócio de impacto.

Já mencionei nos capítulos anteriores a necessidade de ter ao seu redor especialistas em temas como finanças, ambiente legal e comunicação, contudo, mais do que especialistas, chega um momento em que uma organização precisará montar um time para entrar em campo, e eu posso assegurar para você que isso não é nada trivial.

Quem contrata profissionais na iniciativa privada (nosso conhecido segundo setor) pode prometer benefícios, promoções, bônus, participação nos lucros, o potencial de desenvolvimento. E no terceiro setor? Será que não temos mesmo o que oferecer?

Não é bem assim. Há alguns pré-requisitos básicos para que você possa fazer uma boa contratação, e o primeiro deles é saber como as pessoas serão remuneradas. Todos nós – inclusive as pessoas da sua equipe – precisamos receber salários de maneira que consigamos pagar as contas. Além disso, elas precisam ter uma visão clara de que aquele movimento traz um potencial de desenvolvimento. Até aqui, seguem valendo as mesmas regras do jogo da iniciativa privada.

Agora, ao contrário do que pode parecer, eu enxergo que no terceiro setor temos um argumento não apenas prático (salários, desenvolvimento), mas também uma entrega emocional incomparável: existimos para desenvolver a sociedade. E veja, não digo que o segundo setor não tenha propósitos, valores e entregas sociais importantes, pois muitas empresas têm. No entanto, empresa alguma do segundo setor consegue realizar esse impacto da mesma maneira pura que as organizações do terceiro setor, eu garanto.

E é aqui que, mais uma vez, aquela caixa de ferramentas dos valores, que mencionamos no capítulo sobre comunicação, fará toda a diferença. Traga os seus valores e a sua comunicação para dentro das suas entrevistas de seleção, mostrando não apenas o seu sonho e a sua missão, mas a forma como a sua organização conseguirá fazer isso acontecer. Repare o quanto essa comunicação baseada em valores se conectará, ou não, com a equipe que você está buscando.

Gerenciando sua própria equipe

Um dos principais equívocos que vejo acontecer com quem conhece iniciativas de impacto é um entendimento errado de que todo mundo que está ali trabalha com base apenas no amor, e não também por um salário digno.

Claro que o trabalho voluntário tem a sua importância – e vamos falar especificamente dele logo adiante –, mas é preciso lembrar que existem diversas iniciativas de impacto que funcionam com equipes próprias, bem remuneradas, com processos e cultura de trabalho próprias, exatamente como qualquer outra iniciativa do segundo setor.

Afinal, pense comigo: a iniciativa é sem fins lucrativos, mas o resultado tem que ser entregue no final do dia, no final do trimestre e no fechar do ano. E a missão só consegue ser alcançada com gente dedicada a fazer com que cada pedaço do processo possa acontecer.

É assim, por exemplo, que acontece no Instituto Ayrton Senna. Ainda que a instituição seja 100% financiada por parcerias com organizações do segundo setor, pelas doações que recebe de pessoas físicas e pelos *royalties* das marcas Senna e Senninha, toda a sua equipe é composta por profissionais contratados de maneira tradicional, assim como nas grandes empresas. Grande parte desse financiamento é direcionada à transformação da educação no Brasil, porém o recurso recebido também sustenta a folha de pagamento, que inclui desde a contratação formal de estagiários e assistentes, passando por analistas, coordenadores, gerentes e executivos de alto escalão. "Transformar a educação em nosso país não é tarefa fácil. O desafio é gigante. Por isso, precisamos de profissionais engajados pela causa e que carreguem em sua trajetória experiência e conhecimento. Precisamos de talentos para fazer fluir o nosso propósito, que é transformar vidas por meio da educação. Precisamos de gente admirada e respeitada no mercado de trabalho e no meio acadêmico. Profissionais que deixem um legado", me contou em entrevista Ewerton Fulini, vice-presidente corporativo do Instituto Ayrton Senna.

Não foi à toa que organizei os primeiros capítulos deste livro com aspectos de estruturação, organização e sustentabilidade financeira de iniciativas de impacto antes de falar de como compor o seu time e definir a sua cultura de trabalho. Isso porque manter uma equipe fixa com colaboradores contratados exclusivamente para a função é um grande diferencial para o sucesso das iniciativas. Ainda que no princípio seja um time enxuto, ele pode ser essencial para garantir a sua capacidade de entregar os resultados e atender a missão que a organização se propôs a defender.

Paixão pela sua causa é importante, mas não é tudo

Um ponto de atenção importante de analisar logo no início é o equilíbrio entre razão e emoção. Há quem chegue empolgadíssimo para fazer algo pela causa, mas nem sempre todos os empolgados são os que vão efetivamente conseguir fazer o que a sua organização precisa.

A verdade dolorida é que uma coisa sem a outra não vai resolver as necessidades do seu negócio de impacto. De nada adianta a pessoa amar a causa da sua organização, se ela não tem competência alguma para entregar valor para a sua operação.

Por isso, não posso deixar de frisar: observe o alinhamento de cultura e de perfil, mas não deixe de lado as avaliações técnicas e a capacidade de entrega. Analise da maneira mais fria que conseguir o que você realmente precisa ter em termos de habilidades do seu time, sem se deixar levar apenas por aquilo que as pessoas querem te oferecer ou, ainda pior, por aquilo que os talentos, investidores ou parceiros acharem que você precisa. Lembre-se de que é você quem toma as rédeas da gestão.

Portanto, responda da maneira mais objetiva que conseguir: o que realmente precisa para a sua organização? Que tipos de talentos ou profissionais seriam essenciais para as suas demandas neste momento? Não existe uma estrutura ideal ou padrão que sirva para todos os negócios de impacto. Suas escolhas dependerão do tipo de produto ou serviço que a sua organização se propõe a entregar.

Para fazer isso com um pouco mais de racionalidade e estrutura, minha sugestão é sempre buscar diferenciar as pessoas que estarão na linha de frente do seu negócio, que lidam diária e diretamente com a sua causa, daquelas pessoas que vão atuar nos bastidores e que vão precisar sentir o pulsar da causa e a tangibilidade do impacto a partir da entrega de outro time. E outra divisão básica é a clássica "não deixar o lobo cuidar do galinheiro". Eu explico: quem está pronto para "gastar" recursos, com uma visão mais imediatista, deve sempre ter seu contraponto em outra parte do time, que esteja sempre pronta para "manter" a causa no longo prazo. Ousaria até mesmo dizer que essa é uma dupla imprescindível ao seu negócio, que pode ser facilmente percebida na relação entre a área comercial ou de captação de recursos e a diretoria financeira.

Seria tão lindo poder contar com todos os especialistas do mundo dentro de casa, não é verdade? Eu também sonho com isso em vários dias. No entanto, essa não é a realidade de muitas das causas em funcionamento no Brasil, nem mesmo no mundo. Em geral, há sempre aquela equação dificílima de ser solucionada, que funciona como uma bola de neve: se há falta de recursos, é preciso reduzir a equipe dedicada e operar com voluntários; e com a equipe reduzida, há redução também da capacidade de entrega e, com isso, menos atratividade para os investidores. Dá uma tristeza imensa perceber essa bola de neve descendo ladeira abaixo, levando junto os nossos planos e nossas causas. Por isso, o plano financeiro, a análise de riscos e o capital de giro devem estar afiados para entrar em ação e evitar essa catástrofe!

Defina e esclareça sua cultura de trabalho

Muita gente ainda se impressiona com a qualidade do trabalho e da estrutura profissional que existe nos bastidores do Instituto Ayrton Senna. "Em uma sociedade capitalista, ou quando se está dentro da iniciativa privada, se observa pouco o terceiro setor. Talvez, por isso, elas se surpreendam tanto de ver que conseguimos trabalhar de maneira muito profissional para atender algumas lacunas que o Estado não consegue atender", nos conta Ewerton Fulini, que depois de mais de uma década na iniciativa privada, decidiu fazer uma guinada de carreira para o terceiro setor.

Um dos primeiros passos para que essa profissionalização aconteça tem a ver com a clareza da cultura organizacional e de trabalho a ser adotada, que deve estar bem alinhada junto às lideranças da organização de impacto. Quer dizer, de que modos, de que formas e com que cuidados você pretende que a sua equipe atue?

Eu já estou em funções de liderança há mais de 25 anos, mas sempre me sinto recomeçando. A sociedade muda e as habilidades de um líder também precisam ser revisadas e treinadas.

Durante uma das minhas formações na Escola de Negócios da Universidade de Columbia, um dos nossos professores certa vez nos provocou a pensar não apenas nos resultados que queremos obter, mas também na forma como queremos que esses resultados sejam alcançados.

Alguns exercícios que parecem simples, como conversar com o time e entender, em detalhes, como ele faz aquela tarefa diária, quanto tempo demora, se gosta, se acha produtivo, se tem soluções melhores, se considera aquela atividade estressante.

Nessas simples conversas, muitas vezes, surgem ideias de novos processos, novas formas de gerenciar pessoas, observações de algo que não deveríamos manter dentro das nossas empresas e, principalmente, aquele famoso "gato" dentro dos processos.

E é aqui que entra novamente a importância de fazer com que a equipe perceba que não importa: é preciso fazer o certo, mesmo que ninguém esteja olhando.

Este é um mantra que deve ser repetido, treinado, reforçado constantemente pois, quanto maiores forem as equipes, maiores devem ser as alçadas e autonomias. Será impossível gerenciar tudo tão de perto. A forma de entrega deve ser cuidada com tanto cuidado quanto o resultado.

Atenção com a remuneração e com a progressão de carreira

Existe uma percepção histórica de que o terceiro setor não é um bom pagador de salários e que compensa remunerações deficitárias com propósito. E, todo mundo sabe, propósito é bom, mas não paga boletos.

É fato que, em muitas organizações do terceiro setor, a faixa de compensação tende a ser menos ampla do que na iniciativa privada, mas isso não significa que os salários não possam ser bons ou competitivos com o mercado. Por isso, um dos cuidados importantes para se ter diante do seu time é estabelecer uma sustentabilidade financeira que possibilite compensar os trabalhadores de forma justa e trazer benefícios competitivos. No Instituto Ayrton Senna, por exemplo, há uma preocupação latente com trazer para as equipes salários compatíveis com o mercado e os principais programas de benefícios que existem em organizações do segundo setor, como uma forma de manter-se competitivo no mercado de talentos, tal qual sintetiza Fulini:

> O que atrai as pessoas para o terceiro setor é o propósito, mas o que paga a conta no final do dia é o salário. É preciso olhar com atenção este equilíbrio da paixão e do reconhecimento para manter na equipe os profissionais mais bem preparados, competentes e com potencial de crescimento.

Garantir remunerações justas e um pacote de benefícios interessante é essencial para conquistar profissionais gabaritados que possam trazer competência e paixão para o seu dia a dia de trabalho.

Um tipo de benefício que pouca gente presta atenção, no entanto, é exatamente a atenção que se dá a esses profissionais e ao desenvolvimento das suas carreiras. Ter um *feedback* claro sobre suas melhores habilidades e sobre seus pontos fracos é algo que todo profissional almeja para conseguir se apropriar de suas fortalezas e corrigir potenciais áreas de falha, como confirma o executivo:

> Pesquisas indicam que os colaboradores que recebem mais feedbacks são também os mais felizes em seu ambiente de trabalho. Levando isso em conta, damos relevância entre nossos processos de Gente e Gestão, como é denominado a área de RH, ao Ciclo de Gestão, que tem como objetivo olhar para o desenvolvimento do colaborador e reconhecê-lo por seus esforços. Esse processo inclui avaliação 360°, feedback, construção de um Plano de Desenvolvimento Individual (PDI) e comitê de talentos. Todos os insumos gerados nesse processo são utilizados em nosso Programa de Meritocracia.

Dessa forma, o time de Gente e Gestão do Instituto Ayrton Senna consegue apoiar as lideranças para avaliar quem são os talentos a cada ciclo dentro da organização, criando planos de ação individualizados que promovem o crescimento e desenvolvimento profissional. Isso inclui ações para além do aumento salarial, como incentivo educacional com o subsídio a curso de curta duração, pós-graduação, MBA, mestrado e doutorado.

> Isso evidencia que o terceiro setor também tem condições de apoiar a carreira do profissional, criando condições de desenvolvimento e reconhecimento pelas entregas acima do esperado.

Retenção precisa de atenção

Achou que contratar pessoas certas seria um desafio? Espere só até se deparar com a dificuldade de mantê-las por perto. Parece óbvio, mas as teorias de administração que tratam da gestão de recursos humanos – o que muitos de nós conhecemos como "RH" – cabem aqui como uma luva. Afinal, assim como você cuida dos seus recursos financeiros, é preciso planejar também o cuidado com os seus recursos humanos. E isso pode ser feito a partir do planejamento estratégico da sua causa. Um pensamento sequencial já ajuda bastante.

- Primeiro, pense o que sua organização vai oferecer, como produtos ou serviços.
- Depois, avalie que tipo de profissionais serão necessários para entregar cada um daqueles trabalhos que planejou no passo anterior.

Não se esqueça de que as empresas são dinâmicas e orgânicas, o que significa que esse tipo de planejamento vai precisar passar por revisões e ajustes ao longo dos anos. Sendo assim, programe um momento recorrente para analisar criteriosamente se os recursos humanos (também conhecidos como a sua equipe) estão adequados às mudanças que você eventualmente fizer na rota da sua organização.

A retenção de talentos também passa por uma questão que, por vezes, pode estar fora do seu controle, mas que certamente precisa estar no seu radar: os planos individuais de cada pessoa. Em um mundo ideal, feito de flores e planejamentos perfeitos, conseguiríamos ter transparência, proximidade e afinidade suficientes para que nossos funcionários planejassem conosco suas eventuais movimentações profissionais. Imagine poder saber antecipadamente que a sua incrível gerente de operações precisará mudar de cidade para atender uma demanda pessoal ou que um outro gerente resolveu mudar de área? Seria lindo, mas nem sempre tudo acontece de forma sincronizada.

Estamos lidando com pessoas e nem todas querem ou podem compartilhar conosco seus próximos passos. E por mais difícil que possa ser, precisamos respeitar as decisões pessoais e os caminhos escolhidos por cada um.

Para que esses momentos não se tornem emergências no seu planejamento, vale apostar também em dar as mãos a profissionais especializados em gestão de pessoas. Criar rotinas de observação da equipe podem diminuir as distâncias e abrir oportunidades para conversas que anteciparão os riscos.

Por vezes, uma necessidade da sua organização é exatamente o tipo de tarefa que vai motivar e desenvolver um dos seus talentos – e conectar uma coisa à outra pode ser a solução perfeita para o seu negócio de impacto! E sempre, dentro do possível, tente dar asas às atividades que motivam o seu time. Alguém quer fazer um curso específico para melhorar suas habilidades, e um dos seus investidores pode oferecer uma bolsa de estudos? Faça essa ponte e conecte essas oportunidades, de maneira a atender aos anseios individuais da sua equipe. Da mesma forma, se um dos seus talentos já tem o encaixe perfeito com a cultura da empresa e agora quer alçar novos voos, será que não é possível construir uma oportunidade de crescimento interno? Nada disso será fácil, porque desenvolver pessoas é custoso, demanda atenção, tempo e dedicação. No entanto, não desenvolver as pessoas do seu time e precisar substituí-las o tempo todo é mais custoso ainda. Faça a escolha correta.

Prevenir é melhor que remediar

Que tal um exercício que mostra a diferença da expectativa e da realidade?

Fiz este exercício com alguns dos meus colaboradores e a resposta foi surpreendente.

Divida uma folha em branco em duas colunas.

Na coluna da esquerda escreva o que o funcionário deveria fazer, ou o famoso "descritivo da função", em inglês "*job description*". Entregue aos seu colaborador e peça para que ele preencha a coluna da direita com todas as atividades que ele REALMENTE faz. Logo abaixo, peça para que ele liste as atividades que acha que não deveria fazer e aquelas que seriam novas e motivadoras.

Pronto. Que seja dada a largada para uma conversa pra lá de enriquecedora! Aproveite esta oportunidade.

EXEMPLO

Visão da empresa	Visão dos colaboradores
Liste de modo didático e simples o que seu colaborador precisa fazer.	Deixe seu colaborador mostrar seu ponto de vista.
ÁREA DE COMUNICAÇÃO • Posts em redes sociais • Atualização do site • Boletins para investidores • Eventos de inspiração • Comunicação para voluntários • Planejamento estratégico • Negociação com fornecedores • Revisão e assinatura de contratos	**Tarefas recorrentes (o que o colaborador faz)** • Escrever e publicar os posts • Enviar e conferir e-mails • Revisar o site **Tarefas motivadoras (o que gostaria de fazer)** • Desenvolver habilidades em gestão de comunicação • Ter contato com os palestrantes • Envolver-se em novos projetos **Tarefas que devem ser revisadas (desnecessárias)** • Resgatar contratos e finalizá-los • Gestão de fornecedores • Comunicação para investidores / funcionários

Gerenciando o trabalho de equipes voluntárias

Negócios de impacto sem fins lucrativos, sejam eles associações ou fundações, ONGs, OSCIPs ou OSs de cunho humanitário ou entidades setoriais, geralmente também contam com uma extensa rede de voluntários. São pessoas que não fazem parte da equipe fixa da organização, que não recebem uma remuneração pelos trabalhos prestados, mas que estão dispostas e disponíveis para ajudar em diversas frentes de atuação.

A gestão de recursos humanos que envolve voluntários e voluntárias traz um ponto a mais de complexidade, porque envolve gerenciar (e motivar) pessoas que não são "obrigadas" a prestar serviços e dedicar horas para a sua causa.

Esse é realmente um desafio bastante particular de quem se envolve com causas e transformações que visam gerar um impacto social, porque ele subverte um pouco as dinâmicas tradicionais de trabalho. No entanto, se observarmos com cuidado a origem da forma como trabalhamos, em geral a dinâmica envolve uma troca de tempo dedicado por alguma recompensa. Normalmente, a recompensa mais clássica é a financeira (ou seja, um salário ou um pagamento), mas ela não é a única forma de recompensa que as pessoas estão dispostas a aceitar – e é aí que pode residir o *pulo do gato* para entender como gerenciar e motivar equipes voluntárias.

Só que, para compreender que tipo de recompensas você poderá oferecer enquanto instituição do terceiro setor para os voluntários e voluntárias da sua causa, é importante dar um pequeno passo para trás e refletir sobre em que momentos, setores ou atividades a sua iniciativa pode se beneficiar desse tempo doado pelas pessoas que se sensibilizaram pela sua causa. Ou, como eu gosto sempre de lembrar, a organização precisa partir de dentro (da sua organização) para fora (junto aos voluntários).

1. Resgate sua missão e mapeie as competências que você precisa ter por perto

Antes de entender como gerir as pessoas que querem se associar de maneira voluntária à sua causa ou negócio de impacto, é importante que você, como gestor ou gestora, tenha clareza das atividades que fazem parte do seu planejamento que podem ser executadas por cada tipo específico de profissional.

Não precisa ser nada complexo. Abra uma tabela e inclua as seguintes informações: quais posições você tem disponíveis hoje, quais atividades devem ser realizadas por cada posição e quais as competências que cada posição exige.

Por exemplo:

EXEMPLO

Posições disponíveis	Tipo de atividade a ser realizada	Competências necessárias
Assistente jurídico	<ul><li>Revisar contratos de parceria;</li><li>criar contratos para novas parcerias;</li><li>organizar os contratos assinados e salvá-los em um sistema;</li><li>cobrar contratos pendentes.</li></ul>	<ul><li>Conhecimento da legislação;</li><li>OAB válido;</li><li>capacidade de negociação;</li><li>capacidade de comunicação e explicação dos jargões da área;</li><li>capacidade de organização.</li></ul>

Uma tabela simples como essa permitirá que você consiga descrever as atividades que poderiam ser eventualmente transferidas para um ou mais voluntários que estejam disponíveis. No caso da assistência jurídica, por exemplo, um escritório de advocacia poderia se tornar um parceiro, dedicando horas do seu time de advogados para realizar as tarefas necessárias.

Esse tipo de planejamento é importante até para organizar o tipo de voluntário que você espera que se associe à sua iniciativa. Conseguir selecionar as pessoas corretas não é um exagero, acredite em mim. Muitas pessoas que estão em cargos de gestão de iniciativas sem fins lucrativos ficam um pouco acuadas de recusar um trabalho voluntário por acreditarem que estão desvalorizando a dedicação de quem se oferece para trabalhar na sua causa. Não é bem assim.

A questão é bem mais simples e direta: não adianta trazer para dentro da sua iniciativa quem não tiver as competências necessárias ou a capacidade de executar as atividades que são necessárias naquele momento em específico. Para evitar desgastar relacionamentos, existe a possibilidade de criar um banco de talentos de voluntários que podem ser acionados conforme a necessidade.

2. Mantenha a clareza sobre o que se espera de cada pessoa voluntária

Quanto mais você conseguir organizar os voluntários interessados em auxiliar a sua causa de acordo com a capacidade de cada um, mais você perceberá a relação dessa organização com os resultados.

Fato é que cada pessoa tem um talento e uma habilidade específicos, e conseguir cruzar de maneira bem-sucedida esses dois aspectos de quem está buscando auxiliar a sua iniciativa com as necessidades reais da sua organização pode transformar o interesse e a motivação dos voluntários e voluntárias envolvidos com a sua causa.

Além de garantir que as *expertises* de cada um estejam sendo alinhadas com as necessidades, outra base importante da relação com quem oferece suas horas de trabalho de maneira voluntária é manter a clareza sobre o que se espera dessa parceria. Isso significa que a pessoa responsável pela gestão precisará planejar as ações que serão necessárias a curto, médio e longo prazo para conseguir estimar qual será o envolvimento de quem se dedicar voluntariamente àquela atividade.

Quer dizer, no exemplo do assistente jurídico, você consegue prever quantos contratos deverão ser revisados nos próximos seis meses? Será que é possível especular um número de horas que deverão ser dedicadas a esse trabalho?

Afinal, como qualquer outro profissional, o voluntário ou voluntária também precisa de orientações para se planejar antes de se comprometer com o seu negócio de impacto.

A cada um conforme suas habilidades

Há um ditado que diz que os dedos da mão são irmãos, mas não são iguais. Da mesma forma, o que une os voluntários de uma causa pode parecer a disposição em doar seu tempo e seu trabalho a uma causa, mas cada qual o faz por um motivo muito peculiar.

Por isso, é importante que os gestores de iniciativas sem fins lucrativos tenham clareza de que cada pessoa terá um tipo de relação diferente com o voluntariado, especialmente no que diz respeito ao grau de intimidade com a causa, valores e motivações pessoais.

Voluntários diretamente ligados à causa

É muito mais fácil conseguir fazer bater o coração desse perfil de voluntário, que costuma estar intimamente ligado à missão da sua organização. Seja por serem beneficiários diretos do impacto que o seu negócio pretende causar, ou por estarem muito próximos de alguém nessa situação. Esses voluntários costumam ser os mais acessíveis para as iniciativas do terceiro setor. Tal característica torna esse perfil muito ambivalente: ele é apaixonado pela sua causa, mas a paixão pode deixá-lo menos atento à sua capacidade real de causar benefício para a organização.

Por mais que a gente se identifique com uma causa e queira se dedicar a ela, existem casos em que as motivações pessoais não são suficientes para que aquele voluntário ou voluntária consiga desempenhar as atividades que são necessárias para que a transformação possa ser alcançada.

Pense, por exemplo, em uma pessoa que mora ao lado de uma área que acabou de sofrer um grande deslize de terras. Essa pessoa assistiu, viu de perto o desespero de diversas famílias. O desespero por ajudar a fez correr e ser uma das principais voluntárias de uma ONG formada no bairro. Ela é formada, como eu, em Comunicação Social e nunca fez gestão de recursos além do próprio salário e compras da família. No mesmo dia, uma grande empresa fará a doação de milhões de reais a essa mesma ONG para que ela distribua os recursos de forma adequada, com o devido planejamento, contratos, termos de responsabilidade e prestação de contas. Por mais que a pessoa *queira* e tenha motivadores suficientes para auxiliar, ela infelizmente não tem as competências necessárias para executar a tarefa. A força dela pode auxiliar a buscar quem o faça ou até conferir o trabalho, mas não é a indicada para executá-lo.

Essa é uma situação difícil para quem está na liderança do negócio de impacto. E é exatamente aqui que a matriz de competências e a lista de atividades que você identificou podem ser grandes aliados, ajudando a esclarecer os motivos pelos quais infelizmente não será possível aceitar aquela pessoa como voluntária do seu projeto.

Na maioria das vezes, essa é uma conversa difícil de se ter, especialmente porque em grande parte dos casos quem está se candidatando ao voluntariado tem uma grande intimidade com a causa e/ou está com muita empolgação para ajudar. Ainda assim, é nesse momento que uma gestão cuidadosa precisa utilizar a sua melhor comunicação e discurso para explicar de maneira racional as maneiras como essa pessoa pode colaborar na prática. Muitas vezes, isso pode ser feito até mesmo com uma função mais simples, seja tornando-se uma rede de apoio, um divulgador da causa ou até um embaixador da iniciativa.

Voluntários que não têm ligação direta com a causa

Claro que o motivo de existir da sua iniciativa é importante, valioso e pode gerar um impacto importante na sociedade. Contudo, não são só os corações apaixonados pela sua causa que têm vontade de colaborar para tornar o mundo melhor.

Existem por aí milhares de pessoas interessadas em se conectar com propósitos, em devolver algo de positivo para o mundo, mas que não sabem ainda como fazê-lo. Tanto é que existem diversos sites, plataformas e aplicativos que se propõem a conectar voluntários que têm habilidades específicas com causas que estejam em busca de profissionais que possam realizar algumas atividades para organizações sem fins lucrativos.

Sempre penso que essa é uma das partes mais curiosas da gestão de voluntários, que envolve tirar a causa do centro das relações. Afinal, a sua iniciativa sem fins lucrativos, como qualquer outra empresa do mundo, precisa de recursos financeiros, de uma boa administração, de suporte em diversas áreas técnicas e, portanto, de pessoas dispostas a realizar essas funções. Quando conseguimos ampliar o nosso olhar para envolver pessoas que queiram realizar essas tarefas, mais do que buscar pessoas apaixonadas pela sua causa, pode ser que você encontre um mar de voluntários capacitados, envolvidos e responsáveis que podem ajudar na realização das atividades que o seu negócio de impacto está precisando no momento.

O segredo para ampliar o seu radar? Apoie-se na tabela com a matriz de competências e atividades, que vão ajudar a encontrar quem queira colaborar com a *expertise* que pode doar.

Recompensas não financeiras para manter voluntários engajados

Idealmente, um negócio de impacto deveria elencar as suas atividades principais, aquelas que são essenciais para a operação do negócio, e garantir que exista uma equipe fixa de colaboradores devidamente remunerados e contratados para a função. É assim que Ewerton Fullini, do Instituto Ayrton Senna, e tantos outros gestores de iniciativas sem fins lucrativos costumam garantir que a operação consiga alcançar os resultados e metas almejados.

No entanto, sabemos que nem sempre uma causa consegue ter os recursos necessários para manter um time fixo capaz de tocar as principais atividades, e muitas vezes acaba contando com profissionais voluntários para a execução de atividades-chave da iniciativa.

Essa é uma decisão arriscada, mas que muitos gestores são levados a tomar por força das circunstâncias. Nesses casos, é preciso redobrar a atenção à gestão dessas pessoas voluntárias, porque uma falha de gestão pode se tornar um grande risco para a operação do negócio, podendo até mesmo levar à falência da iniciativa.

Se você se encontra nessa situação de precisar colocar voluntários para exercer atividades fundamentais da sua organização sem fins lucrativos, é importante redobrar os esforços citados anteriormente. Garanta que existam acordos muito claros com cada um dos voluntários, que podem ser estabelecidos com uma simples lista dos papéis e responsabilidades que espera de cada um deles. Pode ser algo bastante objetivo e direto, como "isso é o que esperamos de você" e depois "isso é o que você pode esperar da nossa organização", detalhando o que se espera que seja cumprido durante o período de voluntariado. Além disso, é de bom tom prever ciclos de avaliação e um plano de sucessão, já que nem toda pessoa voluntária pretende ficar para sempre na função.

Os gestores de equipes voluntárias também devem estar preparados para serem absolutamente transparentes quanto às consequências caso o trabalho do voluntário não traga o resultado esperado ou para combinar o que deve acontecer caso tudo dê errado e a parceria com a pessoa voluntária tenha que ser desfeita. Em outras palavras, é preciso que ambas as partes tenham clareza do que acontece se o voluntário não fizer a sua parte e o que acontece se a sua organização não oferecer o que se propôs. Vale tanto para pessoas que não aparecem em reuniões, como para voluntários que não fazem entregas de qualidade ou para quem se envolver sem comprometimento com o que foi combinado.

Não se trata apenas de um processo de formalização dessa relação entre a sua organização e os seus voluntários. Não há papel assinado que garanta envolvimento, engajamento e entrega. É preciso dedicar tempo para explicar e mostrar aos voluntários como cada etapa do trabalho precisa ser conduzida, quais são os meios de comunicação disponíveis e até mesmo o direcionamento do que fazer em caso de precisar se ausentar da função, por exemplo.

Esse processo de integração do voluntário é essencial para gerar um grau de intimidade que permita alinhar valores e motivações pessoais para que essa parceria *pro bono* possa ser valiosa para ambas as partes.

Moedas de troca para facilitar cobranças mais efetivas

Xiiii, mas como é que eu consigo cobrar um voluntário se ele não ganha nada com isso?, você deve estar se perguntando.

Não é algo fácil de se fazer, especialmente quando o trabalho do voluntário é essencial para a operação da sua organização. Mas sabe o que ajuda muito nessa hora? Uma boa lista de compensações e benefícios que podem ser oferecidos a eles.

Verdade seja dita, nem sempre a gente trabalha "só" por dinheiro. Às vezes, a gente trabalha por reconhecimento, por experiência, por interesse pessoal, para fazer amizades, aumentar o *networking*... Por isso, suas moedas de troca podem ser quantas você conseguir elencar! O importante é estar sempre de olho nas motivações pessoais dos seus voluntários e observar os seus potenciais benefícios com um toque de criatividade!

Contar com voluntários de diversas origens, gêneros, faixas etárias, áreas de atuação e tempo de experiência pode parecer um desafio grande demais para um gestor ou fundador de um negócio de impacto. Ainda que a tarefa não seja fácil, contar com uma gama tão ampla de pessoas interessadas na sua causa e dispostas a causar uma transformação social pode levar à renovação e evolução da própria missão e propósito da sua iniciativa. Dá um pouco de medo, não é? Eu sei. Vá com medo mesmo, porque pode ser imensamente transformador.

O que você pode oferecer para seus voluntários

Lembre-se de que as pessoas guardarão memórias afetivas e jamais se esquecerão da forma com que foram tratadas enquanto estiveram neste ato voluntário.

Prêmios por marcos ou realizações

Tangibilize os resultados e conquistas dos seus voluntários com certificados, medalhas e troféus que criem uma sensação de pertencimento e de realização pessoal.

Reconhecimento público dos voluntários

Ser celebrado de maneira pública afaga o ego dos voluntários e os auxilia a reconhecer suas realizações pessoais. Além disso, muitas das atividades realizadas de maneira voluntária podem ser essenciais para a construção de carreira de muitos profissionais, especialmente aqueles que estão em busca de uma transição. Em outros casos, o reconhecimento permite que os voluntários levem para suas casas histórias importantes de evolução pessoal e profissional, gerando um senso não só de orgulho, mas de pertencimento e de utilidade para a comunidade.

Depoimentos sobre a causa

Dar espaço para que as pessoas compartilhem a experiência do voluntariado pode ser muito gratificante!

Além de ser uma ferramenta de comunicação poderosa, traz um sentimento de orgulho e autorreconhecimento para aqueles que tanto se dedicaram.

Para gerir um time forte, não se esqueça:

- se possível, contrate profissionais para as atividades-chave;

- crie e mantenha uma cultura de trabalho alinhada com seus valores;

- tenha um plano de ações de curto, médio e longo prazo;

- garanta que existam ciclos de avaliação que permitam a evolução das pessoas do seu time, sejam elas contratadas ou voluntárias;

- tenha rituais claros para começar (*onboarding*) e para terminar uma relação de trabalho (*offboarding*);

- para os voluntários, lembre-se de orientá-los sobre as atividades a serem exercidas, o tempo de dedicação e o tipo de entrega esperados: "o combinado não sai caro".

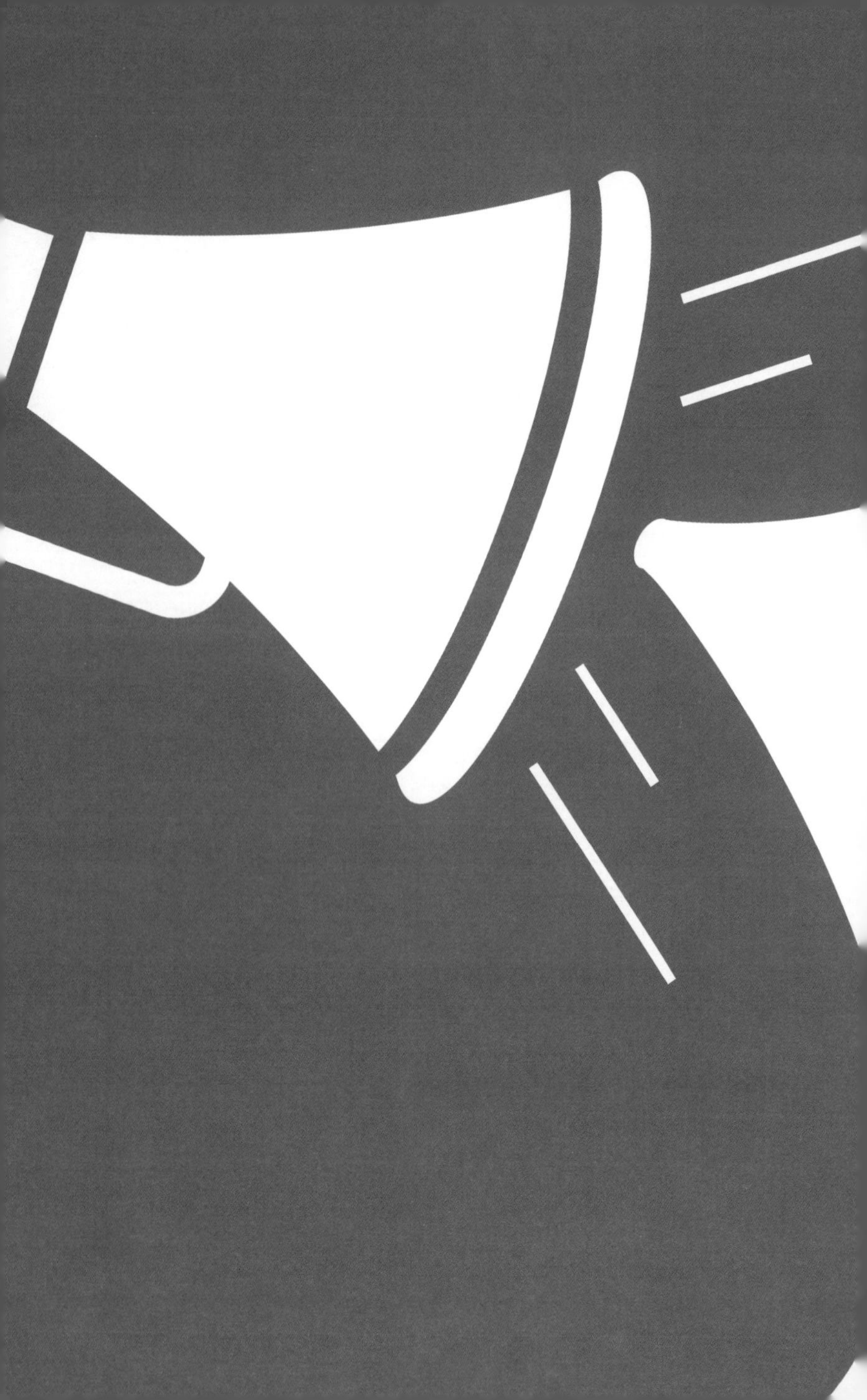

DICA DE OURO

"O AYRTON SENNA COSTUMAVA DIZER QUE NENHUM PILOTO GANHA UMA CORRIDA SOZINHO, ELE SEMPRE PRECISA DE UM BOM CARRO E UMA BOA EQUIPE. E NÓS TEMOS A MELHOR EQUIPE. ALTAMENTE ENGAJADA COM A CAUSA, MAS TAMBÉM MUITO BEM PREPARADA PARA SAIR EM BUSCA DO NOSSO PROPÓSITO."

Ewerton Fullini, vice-presidente corporativo do Instituto Ayrton Senna e entrevistado para este capítulo do livro.

Pessoas são sua maior riqueza. Desenvolva suas habilidades, reconheça seus méritos, dê a elas uma carreira para se orgulhar.

Para encontrar voluntários, amplie seu radar. Você tem muito mais talentos disponíveis do que imagina e muitas moedas de troca para usar!

COMO SE RELACIONAR COM O PODER PÚBLICO

Partindo do princípio de que um negócio de impacto sem fins lucrativos tem como objetivo principal alterar as dinâmicas sociais correntes, uma coisa fica muito clara: será preciso se relacionar com a sociedade para fazer essas transformações acontecerem.

Algumas organizações já estão mais acostumadas e outras nem tanto. Mas esta função inclui também se relacionar com o poder público, representado por entidades dos governos federais, estaduais e municipais, conhecidos também como primeiro setor.

Ao contrário das parcerias e relacionamentos com empresas "de mercado", que compõem o segundo setor e são movidas pelo objetivo de lucro financeiro, o relacionamento com o governo exigirá outros tipos de cuidado, que muitas vezes dependem do quão relevante, importante ou até financeiramente determinante será essa relação para a sua missão.

Mais uma vez, não existem respostas prontas ou fórmulas de sucesso ou de como esse relacionamento deva acontecer. A disposição de como essa proximidade entre a sua organização e os governos deve ser estruturada, percebida e construída deve ser pensada desde o começo e sendo refinada com o passar dos anos. Se a sua entidade ou negócio de impacto sem fins lucrativos ainda não passou por esse momento de reflexão, essa pode ser uma boa hora para começar. Afinal, a forma como essas relações serão iniciadas, construídas e mantidas diz muito sobre a sua instituição e a sua capacidade de cumprir a missão a que ela se propõe.

Existe uma infinidade de assuntos e temas de impacto social que podem unir o primeiro e o terceiro setor em prol de uma transformação. Tanto é que, como comentei lá no início deste livro, houve todo um movimento social para permitir a criação das iniciativas sem fins lucrativos como uma organização social diferente das empresas tradicionais do mercado. Temas como a melhoria da educação, oferta de melhores serviços de saúde, manutenção do patrimônio cultural nacional, oferta de melhores soluções de transporte, alimentação e bem-estar, entre tantos outros assuntos importantes para a manutenção da nossa sociedade, podem ser realizados com primor por diferentes associações ou fundações sem fins lucrativos. Além disso, instituições sem fins lucrativos frequentemente são convidadas a opinar em questões regulatórias, tributárias, relativas à defesa do setor e manutenção da concorrência justa de mercado, entre tantos outros temas de difícil decisão.

No entanto, ainda que a premissa básica do terceiro setor seja referir-se a empresas sem vínculo com o lucro financeiro e sem subordinação a uma agência estatal, o que confere a essas organizações com algum caráter de independência da sociedade civil, algumas relações ganham contornos mais fluidos sobre a questão da independência que essas organizações conseguem ter dos seus interlocutores.

No início, quando as organizações sem fins lucrativos começaram a ser conceituadas como tal, a premissa básica era que elas fossem organizações independentes de lucros financeiros e independentes do poder público.

Em teoria, isso permitiria que as organizações do terceiro setor se tornassem uma "terceira via", capaz de pensar de maneira crítica e sem amarras.

No entanto, conforme a legislação que regula as entidades sem fins lucrativos no Brasil foi avançando, foram criadas regulamentações específicas para as entidades que fossem ter alguma relação mais próxima com os governos, especialmente para suprir partes dos serviços sociais que o poder público não estava conseguindo cumprir, em troca de algumas isenções fiscais e de tributos ou até mesmo com a concessão de recursos públicos para a realização das missões a que essas entidades se propunham a cumprir.

É o caso, por exemplo, das Organizações Sociais (OS) e das Organizações da Sociedade Civil de Interesse Público (OSCIPs), que se diferenciam das Organizações Não Governamentais (ONGs) exatamente pela sua maior proximidade com o poder público. Como detalhamos nos primeiros capítulos, as OSs e OSCIPs têm uma relação em geral mais próxima com os governos, podendo prestar serviços e firmar parcerias, respectivamente. Ambas as organizações também podem receber recursos públicos para a realização dos seus objetivos-fim, seja por meio do recebimento de recursos financeiros, pela concessão de uso de espaços públicos, entre outros.

Nesses casos específicos, OSs e OSCIPs têm relações governamentais muito mais delicadas e sensíveis, porque parte desse relacionamento se conecta diretamente com a capacidade das iniciativas de se manterem em funcionamento. Afinal, ao menos parte da sua sustentabilidade financeira advém do que o poder público lhes concede.

Se, por um lado, essa relação com o governo pode a princípio oferecer certa estabilidade para uma organização, por outro lado também existem riscos nesse exercício e nessa proximidade. Um dos riscos tem a ver com questões ideológicas e partidárias daqueles que assumem após uma nova eleição, o que poderá afetar diretamente a estabilidade caso os novos atores não entendam a sua causa ou não a considerem prioritária. Além disso, é importante observar o quanto a sua estabilidade compromete o seu apetite ao risco e ao desenvolvimento.

Fato é que um negócio de impacto, assim como outro qualquer, precisa crescer e se desenvolver. Diante disso, sempre recomendo fazer uma análise crítica dessa potencial relação e observar o quanto a estabilidade traz para a mesa a falta de necessidade de inovação.

Relação com Governos

A partir dos anos 1980, conforme foram percebendo que a dependência de recursos públicos criava limites para a ação de algumas organizações, especialmente se elas sentissem que sua sustentabilidade financeira seria afetada, começaram a surgir novos tipos de organizações do terceiro setor.

Os primeiros passos nesse sentido vieram, segundo Ricardo Sennes, sócio fundador da Prospectiva e conselheiro de iniciativas do terceiro setor há mais de 20 anos, com o surgimento de movimentos sociais de base, como o Movimento Sem Terra (MST), no campo, e o Movimento dos Trabalhadores Sem-Teto (MTST), nas cidades.

A partir de novas lógicas de organização, que se baseavam em demandas muito fortes sobre temas muito específicos, esses movimentos demonstraram que era possível se organizar de maneira financeiramente independente do primeiro setor. Isso permitia também uma capacidade mais incisiva nas cobranças. Se alguém do governo se incomodasse, o movimento teria como continuar existindo, porque obteria seus recursos de outros modos: o Movimento Sem Terra, por exemplo, obtém parte dos seus recursos com a venda da produção de alimentos no campo. Tanto é que há mais de dez anos o MST é um dos principais produtores de arroz orgânico da América Latina[11].

"Não são movimentos formuladores de grandes políticas públicas, mas são fortemente demandantes sobre grandes temas", avalia Sennes. Com o passar dos anos e aprendizados acumulados pelas

---

11 Conforme informações obtidas em março de 2022. Disponíveis em: https://mst.org.br/2022/03/15/ha-10-anos-o-mst-lidera-a-maior-producao-de-arroz-organico-da-america-latina/.

lideranças, passam a surgir novos tipos de organizações do terceiro setor que, inspiradas por esse benefício da independência financeira, se estabelecem de forma 100% independente do poder público, como organizações não governamentais com forte sustentabilidade financeira, alta capacidade de formulação de políticas públicas, de análise e estudo de dados.

Para Sennes, essas novas associações surgem com um caráter mais transversal, mais socialmente comprometido com temas de amplo impacto, como a melhoria da educação, da segurança pública, os cuidados com o meio ambiente, para citar apenas algumas áreas.

Essas novas formas de associação e organização de negócios de impacto sem fins lucrativos se posicionam de maneira mais independente do que as iniciativas do chamado Sistema S[12], que reúne as organizações sem fins lucrativos de entidades corpo-

---

12 Conforme descrito pela Agência Senado, fazem parte do Sistema S as iniciativas Serviço Nacional de Aprendizagem Industrial (Senai); Serviço Social do Comércio (Sesc); Serviço Social da Indústria (Sesi); e Serviço Nacional de Aprendizagem do Comércio (Senac). Existem ainda os seguintes: Serviço Nacional de Aprendizagem Rural (Senar); Serviço Nacional de Aprendizagem do Cooperativismo (Sescoop); e Serviço Social de Transporte (Sest). Mais detalhes em: https://www12.senado.leg.br/noticias/glossario-legislativo/sistema-s.

rativas que visam o treinamento profissional (como o Senai, Sesi, Senac e Sebrae) e que recebem contribuições diretas das empresas dos seus respectivos setores.

Na percepção de Sennes, que atua como conselheiro de muitas dessas iniciativas, há uma sensação de um maior adensamento das organizações da sociedade civil interessadas em fazer parte da agenda pública, desenhando propostas sobre como alterar o futuro de temas como educação, segurança pública e meio ambiente, para citar os três temas de maior relevância. "E para isso, é preciso que se tenha financiamento próprio, sem depender do estado em termos financeiros ou em termos de dados e análises", pontua Sennes.

Esse novo modelo de organização das iniciativas do terceiro setor, que garante não só a independência financeira, mas também ideológica, não significa que não haverá relações entre elas e os governos. O que essas novas propostas apontam é para uma aproximação diferente entre as organizações sem fins lucrativos e o poder público. Isso porque, ao ter financiamento próprio, dados próprios, técnicos internos e análises personalizadas conforme os objetivos e missões de cada organização, essas iniciativas do terceiro setor ganham ainda mais poder de negociação e fiscalização das políticas públicas.

É o caso dos exemplos citados por Ricardo Sennes durante a nossa conversa para a confecção deste capítulo, o da segurança pública. Nesta temática, existem três importantes organizações sem fins lucrativos – o Fórum Brasileiro de Segurança Pública, o Igarapé e o Sou da Paz –, que, juntos, conseguiram transformar a maneira como o país acompanha, fiscaliza e cobra o poder público sobre a segurança dos cidadãos.

Cada qual do seu modo, essas iniciativas criaram um planejamento próprio, com base em uma demanda social que recebia respostas públicas insuficientes, para fazer requisições mais claras ao poder público. Essas iniciativas contam hoje com técnicos e especialistas contratados em diversas partes do planeta, que permitem que essas ONGs desenvolvam suas próprias bases de dados para acompanhar a questão. Veja o que avalia Sennes:

> Hoje, o Fórum Brasileiro de Segurança Pública é, sem sombra de dúvidas, o melhor banco de dados estatísticos em segurança pública do Brasil, o que permite análises que talvez não fossem possíveis com os dados públicos.

Outro caso que salta aos olhos recentemente, na visão de Sennes, é o tipo de impacto que está sendo possível na área da educação. Desde 2006, uma coalizão de cerca de vinte ONGs, coordenadas por uma agenda básica e *advocacy* feitas pela Todos Pela Educação, têm atuado com focos coordenados e complementares para assegurar o direito à educação básica de qualidade para todos os cidadãos brasileiros. Organizadas em torno de um mapa estratégico com base em oito grandes temas educacionais, as iniciativas conseguem atuar de forma a transformar o cenário nacional e ganhar espaço para ter suas propostas ouvidas com atenção pelo Congresso brasileiro.

> A Todos Pela Educação tem técnicos próprios, capazes de avaliar tanto os dados básicos públicos quanto dados proprietários, além de contar com formuladores de políticas públicas próprios, que estudam casos internacionais, casos realizados por organizações internacionais e conseguem, portanto, fazer propostas mais contundentes e claras para os nossos congressistas.

Sennes considera o *case* um exemplo bastante contundente e capaz de realizar mudanças de fato, que vão desde a formulação e decisão até a implementação de políticas públicas de educação, o que pode inspirar próximas atuações do terceiro setor.

Relações Governamentais e a escala do impacto

Conforme o terceiro setor se profissionaliza e evolui, as relações se tornam mais complexas, ambíguas, e, ao mesmo tempo, mais claras e específicas. Se considerarmos que o objetivo de uma relação governamental de uma organização sem fins lucrativos é, no final das contas, aumentar a escala do impacto social possível, essa é uma função importante para cumprir com a missão de uma associação ou fundação, certo? Certíssimo.

No final do dia, o que uma organização sem fins lucrativos está almejando é encontrar um "lucro social", um impacto transformativo suficiente para que possa fazer valer cada obstáculo superado, cada batalha vencida, cada argumento bem fundamentado ao questionar uma política pública ou fazer valer um direito civil. Por isso, dê atenção e cuidado para as relações governamentais da sua iniciativa, seja ela independente ou próxima ao poder público.

Tendo como referência associações setoriais, muitas ainda são geridas e coordenadas majoritariamente por voluntários, podem destacar para a função representantes de empresas associadas ou pessoas diretamente interessadas em temas de um determinado segmento.

Não é raro vermos associações setoriais nomearem executivos experientes do próprio mercado como voluntários para cobrir temas de *advocacy* junto ao governo. Esse excesso de proximidade dessas pessoas com o dia a dia da questão pode, em um primeiro momento, indicar uma linha óbvia de que esses profissionais seriam os mais indicados para fazer essa aproximação com representantes do poder público, como deputados, senadores ou outros representantes do governo. É claro que o entendimento e a vivência desses profissionais são excelentes e fazem deles interessantes porta-vozes, mas é importante manter o alerta aceso para potenciais vieses que podem ser criados por esses interlocutores. Especialmente se eles tiverem algo a ganhar (ou a perder) com cada decisão tomada.

Ao gerir a frente de relações governamentais da sua organização sem fins lucrativos, privilegie colocar na liderança dessa conversa pessoas que possam se tornar porta-vozes mais isentos possíveis. O ideal seria apontar um profissional contratado pela sua organização. Equipes próprias têm muito menos vieses em jogo e podem ser fundamentais para a construção de uma relação isenta e ética.

Caso isso não seja possível ou viável para a sua organização, redobre o cuidado com quem irá realizar essa interlocução em nome da sua organização de impacto. Afinal, ao terceirizar essa intermediação, você também está conscientemente apontando para os seus interlocutores no governo que há uma relação de dependência (se não financeira, ao menos ideológica) da sua iniciativa à empresa que emprega aquele profissional que está se voluntariando para a sua causa.

Confira com os potenciais interlocutores indicados quais são as regras, políticas e condutas esperadas dentro da própria organização que ele trabalha e dentro do cargo que ocupa. Muitas vezes, a própria área de *compliance* da empresa desse voluntário não concorda com uma exposição a interlocutores do poder público. No que diz respeito às suas responsabilidades internas, estabeleça uma maneira da sua organização formalizar cada uma das conversas realizadas com representantes do poder público, seja na forma de atas, minutas ou comunicações oficiais entre as entidades. Essa materialidade de reuniões, conversas e pleitos deve ser planejada e percebida como um fator importante de transparência para uma construção de relações governamentais éticas e auditáveis.

O mais importante é garantir que a sua organização sem fins lucrativos consiga ser fiel ao impacto que quer causar no mundo, colocando na linha de frente das relações governamentais representantes mais isentos possível. Atitudes como registrar formalmente os objetivos de um engajamento com o poder público e encaminhar boletins de transparência a todos os interessados ou colaboradores pode ajudar a construir a base técnica e ética dessa boa relação. Tanto da porta da sua organização para fora, quanto da porta para dentro.

Com esses cuidados, o terceiro setor poderá apontar para um modelo de organização capaz de influenciar o debate público, a regulamentação e a política pública de maneira competente e eficiente. A profissionalização desse tipo de interação na nossa sociedade pode contar para um futuro em que nós, como cidadãos, não fiquemos tão dependentes do Estado para a formulação de teses, definição de agendas e até reféns de *lobbies* políticos.

Com uma participação bem pensada, a sociedade como um todo ganha mais autonomia, sem que esteja atrelada exclusivamente aos interesses do capital. No fim, o segundo setor tem interesses absolutamente legítimos dentro da sua proposta de existir, mas que sempre tem como ponto de partida um ganho financeiro, que pode (ou não) estar alinhado aos interesses da sociedade em um determinado momento histórico. Ou, como bem sintetizou Ricardo Sennes em uma das nossas muitas conversas, parece um pressuposto justo esperar que uma sociedade bem desenvolvida, democrática, liberal e independente seja mais densa em entidades que visam, para além do ganho financeiro, um bem social, como fazem as iniciativas do terceiro setor.

Para impactar uma nação, é fundamental ter a estatura necessária e a seriedade esperada. Pense nisso. Seja firme no seu propósito e na sua missão.

DICA DE OURO

"QUANTO MAIS SOFISTICADA, AVANÇADA E LIBERAL É UMA SOCIEDADE, MAIOR É A DENSIDADE DE ENTIDADES DO TERCEIRO SETOR QUE VÃO COSTURAR A AGENDA PÚBLICA. ISSO PORQUE NÃO EXISTE UM SER HUMANO QUE VAI CONSEGUIR NEGOCIAR ISSO SOZINHO. É PRECISO UMA ORGANIZAÇÃO SISTEMÁTICA E PROFISSIONALIZADA, CAPAZ DE MAPEAR DECISÕES, DESENHAR COALIZÕES, FORMANDO UM TIME QUE, LÁ NA FRENTE, CONSEGUE FORMAR MAIORIA E IMPLEMENTAR UMA TRANSFORMAÇÃO SOCIAL IMPACTANTE."

Ricardo Sennes, sócio-fundador da Prospectiva Public Affairs e conselheiro de conselho de 6 instituições de impacto (4 no Brasil, uma México e outra nos EUA) e senior fellow em 2 (1 no Brasil e outra nos EUA) e entrevistado para este capítulo do livro.

**Mantenha-se fiel à sua missão.
Garanta sua isenção.
Registre suas intenções
e propostas.**

FOQUE NO G DE ESG

Há pouco tempo, em 2021, o mundo foi inundado por campanhas que abordavam a importância do ESG, sigla usada para referir-se à busca por melhores práticas ambientais (corresponde ao "E" de *Environment*), sociais (ao "S") e de governança (ao "G") de um negócio. Por conta da movimentação de entidades sem fins lucrativos como a ONU e a União Europeia, o assunto virou até mesmo critério utilizado para incentivar ou facilitar investimentos financeiros, alavancando ainda mais o interesse no assunto.

No entanto, mais do que uma tendência passageira ou um *hype*, o que o ESG representa é uma nova forma global de avaliar negócios não apenas pelos resultados financeiros apresentados, mas de forma integrada, observando também os impactos que as empresas podem gerar na sociedade. Qualquer semelhança com a forma de atuação das instituições de impacto e sem fins lucrativos não é uma mera coincidência.

O que fica claro é que, aos poucos, clientes, consumidores, governantes, investidores e reguladores têm percebido que usar o dinheiro como baliza única e exclusiva do sucesso de uma empreitada é uma decisão muito frágil. Não evitar a poluição de rios talvez seja a opção mais financeiramente lucrativa para uma indústria, mas irá causar danos por vezes irreversíveis à comunidade onde ela está instalada. Antes de chegarmos a um ponto de não retorno, é preciso agir, regular e evitar que algo ruim aconteça.

O que as políticas de ESG sugerem, no final do dia, são pilares que servem como pontos de atenção focais para avaliar e medir por critérios não financeiros o sucesso de uma empresa.

No pilar do meio ambiente, por exemplo, o objetivo é analisar e mensurar quanto uma determinada empresa utiliza recursos naturais escassos, que tipo de "rastros ambientais negativos" deixa no planeta (seja com poluição ou falta de cuidado com componentes tóxicos, por exemplo), se utiliza recursos não renováveis e a quantas anda o seu uso de energia limpa. Especialistas da área ambiental já têm delineados diversos impactos ambientais importantes que devem ser acompanhados e observados ao longo dos anos de história de uma empresa, demonstrando seu potencial progresso (ou regresso).

De maneira semelhante, no pilar social o cuidado é garantir que a empresa se preocupe com o reflexo que a sua existência pode causar na sociedade, especialmente na comunidade onde ela atua com maior frequência. Nesse sentido, há maior atenção para compreender que tipo de mudanças uma empresa causa no entorno do local onde a sua operação está instalada, se há reflexos nos índices de desemprego locais, na desocupação de territórios, no desequilíbrio populacional na região onde a companhia opera e até mesmo quanto a empresa trabalha ativamente para questões de diversidade e inclusão. Esta última, inclusive, tem se tornado especialmente importante nos últimos anos, reflexo de uma forte demanda social.

E, geralmente esquecido, apesar da sua enorme importância na gestão dos negócios, está o pilar da governança, que se refere ao conjunto de ações que definem as responsabilidades de cada profissional dentro de uma companhia. Ainda que esse termo nos remeta a associação com o governo, a governança não deve ser confundida com o primeiro setor. Trata-se de uma disciplina que ajuda a desenhar os processos de uma corporação (seja ela com ou sem fins lucrativos) e auxilia na tomada de decisões mais certeiras.

Isso significa que está englobada na governança as ações e responsabilidades das empresas para que possam ter atitudes e processos equilibrados, não predatórios e justos para todas as pessoas envolvidas (conhecidos como *stakeholders*), sejam eles clientes, consumidores, fornecedores, parceiros ou funcionários.

Importante para o setor privado, essencial para o terceiro setor

Muitos países já possuem leis mais severas para aquelas empresas que não observam seus impactos ao meio ambiente, à sociedade e às próprias responsabilidades.

Aqui no Brasil, por exemplo, no que diz respeito a governança corporativa, tem sido aceito, de longa data, as regras previstas na lei n. 6.404/76 (Lei das S/A) e as normas internacionais de contabilidade (notadamente a lei americana Sarbanes Oxley), e é importante citar que a lei n. 12.846/13 (Lei Anticorrupção) trouxe uma visão um pouco mais rígida para a governança das empresas.

Com a chegada de novas diretrizes globais, muitos investidores passaram a prestar mais atenção nas ações efetivas das empresas em termos de ESG antes de concretizarem rodadas de investimentos.

Em muitos casos, grupos de *Venture Capital* passaram a condicionar a disponibilização de recursos apenas para empresas que conseguem comprovar seus impactos positivos em pilares do ESG – seja combatendo a crise climática, cuidando da diversidade e da inclusão de seus times ou apresentando boas práticas de governança. O interesse dos investidores nesse aspecto se tornou tão grande, que até mesmo os bilionários filantropos Bill e Melinda Gates decidiram fundar uma consultoria focada na gestão de negócios de impacto e iniciativas sem fins lucrativos, como forma de alinhamento com a sociedade moderna.

Para Deborah Vieitas, CEO da Câmara de Comércio da América (Amcham), se a questão de governança é importante para quem atua hoje no setor privado, focado na agenda ESG, o assunto é, na verdade, essencial para iniciativas do terceiro setor.

> Em geral, estamos falando sobre reunir pessoas e recursos para cumprir uma determinada missão e propósito. Se isso não for objeto principal de uma estrutura de governança, abrem-se brechas para vários riscos, desde riscos de *compliance*, reputacional e até mesmo riscos financeiros ou do simples não atendimento da missão.

A relevância do ESG em termos de negócios globais aumenta o interesse tanto de empresas como de investidores em buscar impactos positivos na sociedade e no meio ambiente, o que pode se tornar uma importante oportunidade para as iniciativas sem fins lucrativos. Em contrapartida, cada associação ou fundação precisará tomar o dobro de cuidado em sua gestão para garantir que seja possível existir um ambiente frutífero para potenciais futuros investimentos ou parcerias entre o setor privado e o terceiro setor. "A governança poderá ser o arcabouço que vai permitir que as atividades de uma entidade sem fins lucrativos não saiam dos trilhos", sintetiza Vieitas.

Cada iniciativa faz seu próprio ESG

Dois litros de cuidados ambientais. Duas xícaras de inclusão. Um tablete de processos corporativos. Infelizmente, não existe uma receita de bolo de como fazer o ESG de cada iniciativa, nem no setor privado, nem entre as iniciativas de impacto sem fins lucrativos.

Compartilho o sentimento de muitos líderes com os quais pude conversar ao longo do processo de produção deste livro. Sem um modelo para se inspirar, muitos de nós ficamos perdidos sobre como atuar, como avançar ou garantir que exista um processo cuidadoso.

A vantagem de não existir uma receita de bolo pronta é que você pode fazer a sua própria mistura, buscar seus ingredientes locais e fazer o melhor possível, à sua maneira. Quando conversei com Deborah Vieitas para a construção desse capítulo, lembro bem dela me dizendo que a governança é também parte de uma cultura corporativa de cada instituição, que no fim do dia é criada por seus membros. Isso significa que cada pessoa que trabalha numa entidade é também responsável por criar um ambiente que permita uma melhor governança.

E esse conceito, no final das contas, se mantém em constante evolução, adaptando-se aos tempos e aos momentos. Na Amcham, por exemplo, existe um comitê interno de governança corporativa com o propósito de discutir e compartilhar as melhores práticas que estão sendo implementadas pelas empresas associadas, o que permite influenciar não só a própria governança da Amcham, mas também as práticas adotadas por quem faz parte da associação.

O que não pode faltar: boa estrutura de gestão

Muitas vezes, por lidarem com uma escassez financeira, muitos negócios de impacto sem fins lucrativos lidam com um desafio importante de gerência e autonomia.

Como já mencionei em alguns exemplos anteriores, com o dinheiro curto, muitas vezes o corte acaba sendo na própria pele, reduzindo o pessoal fixo e enxugando a estrutura de gestão necessária para garantir o funcionamento da operação. Quem faz a transição do setor privado para o terceiro setor sente isso muito rápido: como não há abundância de recursos financeiros, muitas vezes setores importantes da operação não têm gestores capacitados o suficiente. Via de regra, a maioria faz sempre o seu melhor, mas mesmo as pessoas mais dedicadas, sem o devido conhecimento e experiência, não conseguem resultados bons o suficiente, o que acaba impedindo que as metas sejam devidamente alcançadas.

É o que costuma acontecer com fundações ou associações que não conseguem criar uma estrutura sólida de administração financeira, de gestão de pessoas ou até de gestão de marketing e comunicação. Havendo dificuldades em pagar por bons profissionais ou atrair talentos qualificados, muitas vezes as instituições do terceiro setor lidam com gerências muito frágeis, que têm muita garra, mas pouca capacitação formal.

Se a sua instituição estiver em uma situação desse tipo, é essencial pisar no freio e planejar novamente a sua estrutura de gestão e operação. Liste o que você precisa, o que você tem e que tipo de capacidades estão em falta. Com esses requerimentos em mãos, busque alterar o seu contexto. É possível fazer contratações de novos profissionais, ou de consultorias e prestadores de serviços nessas áreas? Se sim, priorize isso no seu orçamento. Caso contrário, vale pensar em treinar e capacitar a sua equipe apaixonada. Isso pode ser feito por meio de investimentos em cursos e educação profissional continuada ou até por meio de parcerias com empresas que possam proporcionar mentorias e ensinamentos para os seus colaboradores. "Quem lidera uma entidade do terceiro setor e tiver vergonha, restrições ou pudores de se tornar uma 'demandante profissional' está na função errada", brinca Deborah Vieitas, recordando momentos em que procurou empresas próximas para auxiliar na capacitação dos colaboradores da Amcham não só com recursos financeiros, mas também com o conhecimento compartilhado dos seus recursos humanos.

Com uma boa estrutura instituída e com a capacitação devidamente encaminhada, uma boa gestão também garante que os processos da instituição aconteçam de maneira regular e frequente. Quer dizer, se a pessoa responsável pela gestão financeira só se envolver com as questões da entidade uma vez a cada seis meses, é bem provável que existam grandes dificuldades para que essa gestão aconteça de maneira efetiva.

Por isso, esteja você contando com esse suporte por meio de funcionários dedicados ou por meio de prestadores de serviços, tenha em mente que é importante haver recorrência e consistência nas atividades. Estabeleça critérios para que a supervisão das atividades de cada gerência aconteça de forma regular e próxima. Pode ser uma vez por semana, uma vez a cada quinzena ou encontros mensais. Independentemente da frequência que você estabelecer, garanta que ela é suficiente para que as operações aconteçam a contento. "Manter o Conselho de Administração informado e com toda a transparência é fórmula de sucesso para iniciativas de impacto sem fins lucrativos, as quais podem tornar-se tanto mais bem-sucedidas, quanto conseguirem profissionalizarem-se", comenta Vieitas.

Atenção para a sua independência ideológica

Outro desafio decorrente da escassez financeira a que costumam estar sujeitas as iniciativas sem fins lucrativos tem a ver com a independência ideológica da gestão. Esse é um tema espinhoso e difícil, porque envolve uma boa dose de reflexão e uma importante capacidade de se manter fiel aos princípios da organização.

Imagine, por exemplo, que uma empresa de lubrificantes, reconhecida pelo seu gigantesco impacto ambiental, tem como objetivo diminuir os resíduos de óleo em leitos de rios e consequentemente seu impacto no meio ambiente. Isso requer tempo e muito investimento.

Sensibilizada com essa missão e para acelerar seus *impactos ambientais,* ela tenta buscar uma organização sem fins lucrativos para ajudá-la e encontra uma ONG que tem como objetivo garantir água potável para comunidades distantes. Essa grande empresa resolve fazer uma grande doação a tal entidade, desde que ela monte projetos para tratar resíduos de óleo.

Objetivo do investidor: arrumar alguém para mostrar seu impacto positivo no meio ambiente e limpar leitos dos rios.

Objetivo da ONG: fornecer água potável para comunidades distantes.

Nesse caso, existe um evidente conflito entre ser capaz de garantir a sustentabilidade financeira da operação e cumprir a missão (ao aceitar a generosa doação ofertada) e conseguir se manter ideologicamente independente do representante dessa doação.

Pensando especificamente nesse caso totalmente hipotético, a grande empresa tem disponibilidade de recursos e acredita que a ONG seria capaz de realizar projetos incríveis. Por outro lado, o fundador dessa ONG já tem seus compromissos, metas, missões e, caso aceite a doação, desviará sua rota e, muito provavelmente, não conseguirá entregar seu projeto inicial com excelência. É sobre essa ambiguidade que um gestor precisará tomar decisões, seja de aceitar a doação (e se perceber no futuro de mãos amarradas para discordar das interferências do doador) ou rejeitar de maneira elegante a doação e encontrar outras formas de viabilizar financeiramente a sua missão.

Considerando que o tema de ESG não deve sair do horizonte das companhias tão cedo, esse tipo de dilema será recorrente na carreira dos administradores de iniciativas sem fins lucrativos. A pressão social para que as empresas sejam menos nocivas para o meio ambiente e para a sociedade levará muitas delas a abrirem seus próprios negócios de impacto, fundações ou forjar parcerias com instituições do terceiro setor para prestar serviços à comunidade e compensar seus impactos negativos.

Contudo, analise cada movimento benevolente com bastante critério, para evitar que a sua iniciativa venha a sofrer com as intempéries do negócio alheio, caso você se torne excessivamente dependente de um grande mantenedor ou financiador da sua organização sem fins lucrativos.

Sabendo disso, exercite a sua resiliência, sua capacidade de recusar com elegância e, principalmente, de manter a clareza sobre o propósito da sua iniciativa e os potenciais riscos associados à sua operação. Peça auxílio ao seu time ou a um especialista em ética e *compliance* sempre que necessário. Eles costumam ter uma visão bastante ampla dos riscos e benefícios envolvidos com cada potencial parceria que surgir no seu horizonte.

É claro que a sua causa pode ser uma grande aliada da iniciativa privada. Juntos, segundo e terceiro setor têm chances de causar importantes impactos socioambientais no mundo. O diferencial competitivo entre a sua organização e as tantas outras disponíveis no terceiro setor residirá no alinhamento de interesses, na existência de métodos transparentes e efetivos de comprovação de impactos. Ou, em outras palavras, de uma boa administração para a sua causa.

A profissionalização da administração das iniciativas do terceiro setor tem tudo para acelerar parcerias com governos e com empresas privadas com fins lucrativos que estejam buscando melhorar seus índices da agenda ESG. Novas linguagens, rotinas, processos e padrões internacionais vão certamente permitir que a sua iniciativa possa simultaneamente garantir sua sustentabilidade financeira e cumprir a missão para a qual foi criada. Porque, no final do dia, se isso não for possível, não haverá perenidade ou tranquilidade no desenvolvimento do impacto que a sua organização quer gerar no mundo.

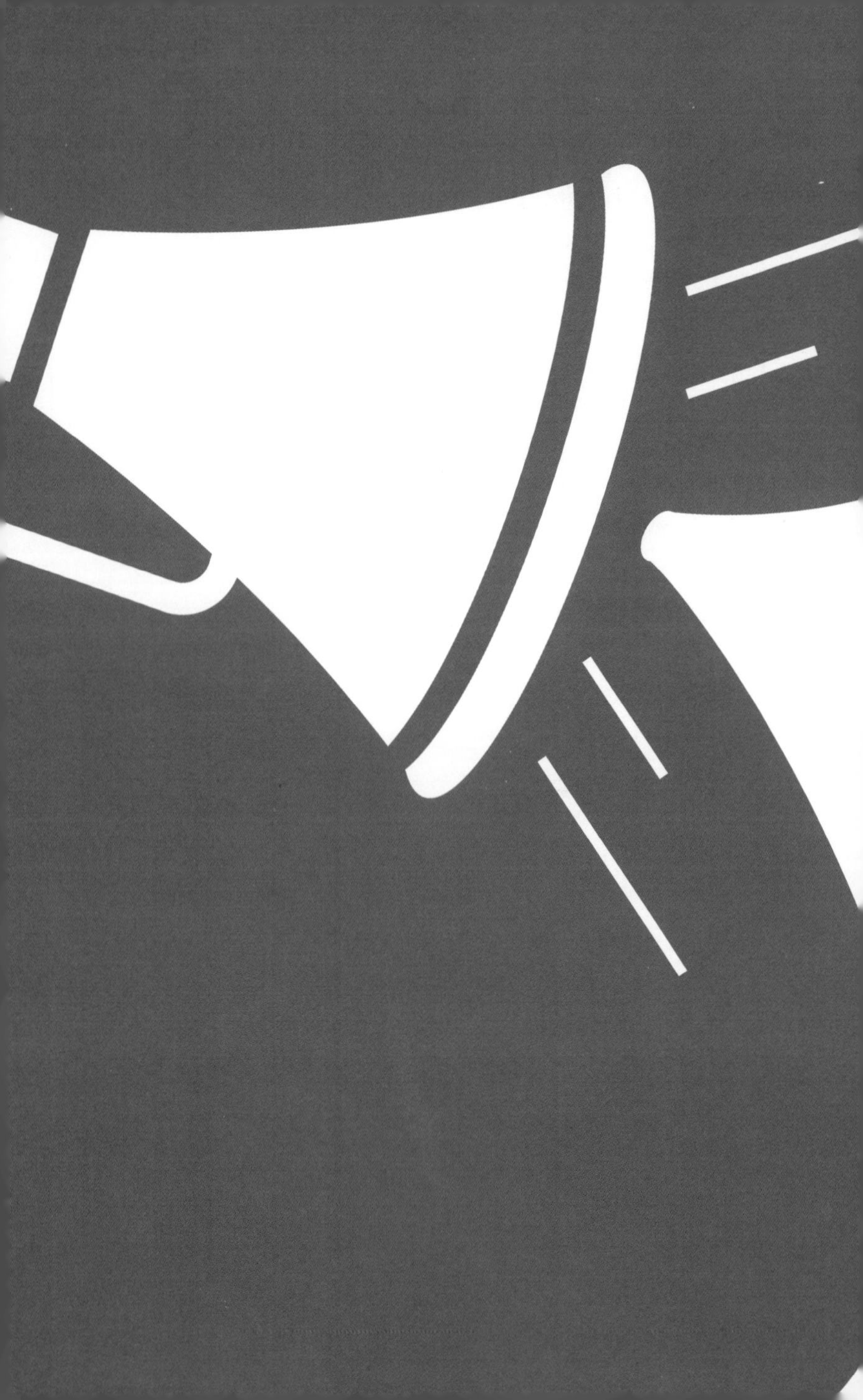

DICA DE OURO

"EM TERMOS DE GOVERNANÇA, NÃO PODE EXISTIR CONFLITO ENTRE CUMPRIR A MISSÃO E GARANTIR A SUSTENTABILIDADE FINANCEIRA DE UMA INICIATIVA SEM FINS LUCRATIVOS. OBTER RECURSOS E ATENDER AO PROPÓSITO DA ORGANIZAÇÃO SÃO COISAS QUE PRECISAM ACONTECER SIMULTANEAMENTE. SE ISSO NÃO FOR POSSÍVEL, NÃO HAVERÁ PERENIDADE OU TRANQUILIDADE PARA O DESENVOLVIMENTO DA MISSÃO."

Deborah Vieitas, CEO da Amcham e Conselheira de Administração de Negócios de impacto relacionados ao empreendedorismo feminino. Mentora do Programa de Diversidade em Conselhos do IBGC, Membro do Advisory Board da We Ventures e Membro do Conselho da Se Candidate Mulher e entrevistada para este capítulo do livro.

ESG é uma oportunidade, governança é uma necessidade. Mantenha sua independência e sua autonomia, uma gestão forte e crítica para entender riscos e oportunidades em cada parceria.

SUA CAUSA MERECE MAIS

Escrevo estas linhas de um lugar físico e mental muito diferente daquele que abriu este livro. Em vez daquela clássica mesa de reunião corporativa, digito estas palavras do sossego do escritório que montei em um cantinho da minha casa desde que foi decretada a pandemia de covid-19.

As informações que me causam mais surpresa hoje vêm do noticiário, que reporta cenas trágicas de guerras que achei que tinham ficado no século XX, mas estão por aqui ao mesmo tempo que ainda não demos por encerrada a batalha contra o vírus responsável pela maior epidemia dos últimos cem anos. Os prognósticos de futuro envolvem economias globais instáveis, altas taxas de desemprego e, a cada vez que leio as notícias, a impressão é de que a lacuna de bem-estar social e ambiental se alarga dia após dia.

Mais de uma vez pensei que era audácia minha me dispor a escrever este livro. Há tantas pessoas tão mais gabaritadas do que eu, com anos de experiência em filantropia, *quem era eu na fila do pão* para arriscar escrever um livro sobre como fazer uma boa gestão de negócios sem fins lucrativos?

Por anos, o receio me fez deixar a ideia em segundo plano. Era como se eu estivesse esperando que outra pessoa viesse "cumprir essa missão" de ajudar com os primeiros passos dos gestores ainda inexperientes das organizações sem fins lucrativos. Profissionais que, assim como aconteceu comigo no passado, tiveram a oportunidade de liderar um negócio de impacto sem fins lucrativos e não sabiam muito bem como e por onde começar.

Lembro nitidamente os meus primeiros passos dentro do IAB Brasil, em 2013. Por maior que fosse a minha experiência, com mais de 15 anos na gestão de companhias nas áreas de publicidade e varejo, formações na área, parte de mim ainda se sentia frágil e insegura. Será que tudo o que eu tinha aprendido no mercado tradicional poderia ser aplicado também no terceiro setor? Como transportar conceitos e metas que fazem todo o sentido quando o objetivo final é ganhar dinheiro para iniciativas que têm como missão principal causar impacto, essa coisa meio etérea de se medir?

Quem não me permitiu manter essa ideia na gaveta por mais um ano, curiosamente, foi a própria pandemia. Enquanto mandava toda a minha equipe para casa e reorganizava as atividades da minha associação para acontecerem remotamente, não conseguia deixar de pensar nas centenas de iniciativas assistencialistas que iam surgir por conta desse contexto de distanciamento social e desmantelamento econômico.

Diversas reportagens mostravam o esforço da sociedade civil em se unir para doar mantimentos, máscaras e álcool em gel, ou para ajudar quem precisava comprar gás de cozinha, ou para assessorar na recolocação de quem se viu desempregado de uma hora para outra. Eu sabia, pela minha prática, que cada uma dessas nobres causas precisaria de uma mentoria mínima de administração para conseguir sobreviver pelo tempo que fosse necessária. Naquela época, ainda não dava para saber se a pandemia ia durar um mês ou um ano.

A minha motivação, contudo, foi soterrada pelo contexto. Entre adaptar todo o planejamento como CEO do IAB Brasil, adaptar a rotina familiar como CEO da minha casa e cuidar da minha saúde física e mental como CEO de mim mesma, sobrou pouco tempo para encontrar energia para devolver algo para a sociedade. No entanto, depois do primeiro ano de pandemia, já com as readequações no plano profissional, pessoal e doméstico mais bem organizadas, a faísca se transformou em uma chama inapagável durante um curso de liderança para empresas sem fins lucrativos que fiz na Universidade de Columbia (Estados Unidos).

Durante as aulas, professores incríveis lembraram à minha turma que estava nas nossas mãos utilizar nossas bagagens profissionais e pessoais para influenciar positivamente o mundo. Não se tratava apenas de conseguir gerir nossos negócios de forma eficiente, mas de encontrar formas de inspirar quem nos observa a também se desenvolverem. Semana após semana, os instrutores nos provocavam a não apenas entender que as nossas iniciativas sem fins lucrativos teriam um impacto no mundo, mas que a nossa própria história poderia transformar a vida dos outros. Fato é que, como líderes, querendo ou não, somos observados por muita gente.

Certa vez, fomos convidados a observar nossa própria biografia com carinho e narrar nossa própria história para os colegas como uma forma de nos apresentarmos com mais profundidade. Com um misto de sensação de atividade brega e exercício arrogante, me arrastei a contragosto para as profundezas das minhas memórias. E fui obrigada a confrontar que eu sempre tinha sido alguém "do impacto", envolvida com atividades beneficentes e liderando grupos coletivos. Minha família sempre esteve envolvida em eventos da Apae, AACD, da associação dos talassêmicos (Abrasta), fazíamos parte das comissões de eventos do meu colégio dentro da Associação de Pais e Mestres. A impressão era que assim que uma atividade beneficente possível aparecia na nossa frente, era quase como se não pudéssemos evitar agarrá-la e fazer nosso melhor. Olhando no retrovisor da vida, parece que a minha trajetória veio em uma jornada circular, que me leva de volta a ser exatamente o que eu sempre fui: alguém envolvida em uma missão, motivada por uma causa, mas que não deixava de observar os contextos econômicos e de trabalho que iam viabilizar aquela transformação.

Não sei se feliz ou infelizmente, mas essa conexão nem sempre foi óbvia para mim. Precisei de alguns tropeços, algumas sensações de aperto no peito e de admiração por quem se dispunha a levantar de uma mesa cheia de colegas gabaritados do mercado de trabalho e caminhar em direção ao impacto que queria causar. Aquela colega corajosa das primeiras páginas deste livro não apenas transformou a própria carreira, mas também me inspirou a buscar a minha própria missão profissional. Desde aquele dia, Karen Kanaan não parou mais, trilhando uma jornada inspiradora em diferentes iniciativas sem fins lucrativos associadas ao ambiente empreendedor. Atualmente, Karen é sócia e diretora da Escola 42, filial brasileira da iniciativa francesa que se dispõe a ensinar programação sem cobrar mensalidade dos alunos. Eu nunca trabalhei diretamente com a Karen. Éramos pares.

Não sei se ela sabe sobre matemática financeira, *compliance* ou gestão de estoques, mas sei que ela é capaz de mobilizar pessoas. Karen é a energia que faz você sair do chão e acreditar que existem superpoderes em cada um dos seres humanos deste planeta. Ela te faz acreditar nas suas próprias asas e, minutos depois, você está voando por aí.

Hoje, entendo que estar no terceiro setor, mesmo que a organização seja pequena, ou precise ainda de ajustes aqui ou acolá, pode nos dar a medida real da influência que estamos causando, do impacto que estamos gerando no mundo. É difícil estar dentro de uma iniciativa sem fins lucrativos e se sentir apenas uma engrenagem girando uma roda para alguém que vai enriquecer (e muito!) lá na frente. Se somos engrenagem, é de uma esteira que movimenta algo maior, que leva melhor qualidade de vida, de saúde, mais educação, mais cuidado com o meio ambiente, que cuida de algo ou alguém importante para a sociedade e para nós mesmos.

Essa visão de longo prazo, de observar o cenário completo e as mudanças que serão possíveis com cada planilha que a gente também tem que preencher, com cada apresentação que a gente apresentar, com cada decisão que ajudarmos a tomar, traz não apenas propósito ou motivação, mas também paz. Não trabalhamos por metas ou objetivos puramente numéricos ou financeiros. Nossa visão de longo prazo é uma missão, uma transformação, uma causa que traz um bem maior.

O que não significa que não tenhamos que cuidar dos processos com a mesma atenção que se tem no setor privado. Ou que a sua organização não deva se preocupar com *compliance*, com medidas anticorrupção, com pagamento de impostos em dia, boa remuneração dos times, planos de carreira, a volatilidade da economia, os riscos das crises e dos ataques reputacionais, com a nossa própria formação e evolução. Sua iniciativa sem fins lucrativos merece tudo isso. Sua causa merece mais do que uma missão, mas também uma boa administração.

E acredito que você também, como administrador ou envolvido em uma causa do terceiro setor, também merece mais uma chance, mais uma tentativa de buscar organizar e administrar a sua iniciativa de maneira mais eficiente.

Ao longo dos capítulos, meu objetivo sempre foi o de trazer um pouco de luz a temas que são importantes no cotidiano de quem organiza, administra e lidera organizações sem fins lucrativos e negócios de impacto. Tenho certeza de que essa não será a última leitura que alguém fará diante do desafio de coordenar uma organização que tem como missão causar um impacto social. No entanto, pensei que poderia ser um primeiro passo, capaz de apontar direções, visões, temas para questionar e refletir, pontos para incluir em um planejamento de longo prazo.

Na época que peguei o leme do IAB Brasil, precisei ir buscando e garimpando informações pouco a pouco, aprendendo a cada tropeço, refletindo a cada *feedback*. Você certamente precisará fazer o mesmo, não tenho dúvidas. A diferença é que poderá chegar com algumas informações adicionais, algumas palavras-chave no bolso para conversar com advogados, gestores financeiros, contadores, com as equipes de *compliance* dos seus potenciais parceiros, com os colaboradores responsáveis pela comunicação, pelos seus recursos humanos, com quem está visando investir na sua iniciativa usando recursos corporativos voltados a ESG ou ao negociar com parcerias governamentais.

Todas as conversas, as pesquisas, as leituras, toda a dedicação em organizar esse pequeno manual com sugestões e dicas introdutórias e de fácil consumo para o terceiro setor terá valido a pena se você sentir que conseguiu visualizar um novo horizonte, uma nova forma de fazer o seu trabalho do terceiro setor acontecer.

Se Ortega y Gasset estava mesmo certo de que nós somos o resultado de nós mesmos diante do contexto em que vivemos, espero que essa leitura possa ter alterado ao menos um pouquinho o seu conhecimento do contexto em que o seu trabalho sem fins lucrativos está colocado na nossa sociedade. Está além das nossas capacidades individuais alterar os contextos de maneira solo, sem auxílios, sem organização. No entanto, tem algo que está sempre ao nosso alcance: a nossa capacidade de recomeçar e nos apresentarmos de maneira diferente diante dos obstáculos e desafios do caminho.

Da mesma forma que a sua causa merece mais, você também merece mais. No caso, mais uma chance, mais uma oportunidade de aprender, de testar, de reaprender e de compreender como podem ser as melhores formas de continuar.

Ao menos é o que eu pretendo seguir fazendo daqui por diante. Cada conversa que eu tive para costurar este livro, toda interação onde eu pude pedir um conselho ou uma palavra amiga para quem está diante da missão de administrar uma organização sem fins lucrativos guiada por uma causa, me permitiu ter uma nova visão de futuro. Daqui a alguns anos, caso venha a me encontrar com algum dos leitores deste meu livro de estreia, mais do que ouvir histórias inspiradoras de causas que seguiram adiante, que não faliram, que não morreram de inanição por falta de uma boa administração, quero também ter a chance de ver que cada um de nós conseguiu causar transformações sociais e pessoais a ponto de precisar se reapresentar. A cada minuto, conforme evoluímos e modificamos pouco a pouco nossos contextos, também nos tornamos mais, e precisamos respirar e explicar ao mundo quem é esse novo eu que nos tornamos. Como novas pessoas, com novas visões, com novas causas.

MOLDE E SEJA MOLDADO

Isso foi algo que demorei muito para fazer e que se mostrou importante para me inspirar na minha jornada de escrever este livro e de liderar negócios de impacto. Eu vou te contar como eu fui moldada para encarar o futuro.

Comecei a ser moldada desde o momento em que eu vim ao mundo. Logo nos meus primeiros passos, minha mãe reparou que minhas pernas não caminhavam tão retas e alinhadas como era o esperado. Para consertá-las, os médicos recomendaram que eu usasse aparelhos para moldar o curso do crescimento dos meus pés e pernas no sentido correto.

No entanto, mesmo usando aparelhos e fazendo tratamentos até os meus 12 anos, não se notava mudança significativa nas minhas passadas e no meu caminhar. E se por fora era impossível perceber as mudanças, por dentro eu sentia medo, muito medo. "Não corre, Cris!" ou "Esta brincadeira não é pra você, Cris" eram frases que eu ouvia com frequência. Desde pequena, eu era ensinada que não deveria correr riscos, porque eu realmente poderia cair.

Todos esses tratamentos malsucedidos me fizeram encontrar formas de contornar os desafios para ser eu mesma. E, *isso sim*, me moldou.

Mais adiante, quando me tornei adolescente, notaram que meu tórax estava diferente, mais largo do que a média para a minha idade. Passei por novos médicos e novos tratamentos para mais uma vez me moldar, agora com um colete de ferro. E ele era aparente. Não havia como esconder ou escapar daquela imagem de uma estrutura por fora da minha roupa.

Por fora, o colete me moldava mesmo, a ponto de me machucar. E eu precisava decidir, naquele momento, como eu queria ser moldada por dentro. Por mais apertado e inflexível que fosse, foi aquele colete que me inspirou a expandir a minha alma, correr riscos e encarar minha versão "Robocop" com um sorriso grande o suficiente no rosto para suportar o *bullying*, as dores e as feridas. Mas essa não é uma história triste. E não é só sobre mim.

Depois de um tempo, comecei a perceber que existe uma dinâmica natural da vida que nos molda e que, ao mesmo tempo, conseguimos moldá-la de volta. Quer ver?

Basta reparar de quais formas o mundo tenta moldar seus passos tortos em direções diferentes. Ou quando as pessoas lá fora tentam moldar partes específicas do que você realmente é. Quantas vezes você já ouviu que está "fora da média"?

Meu colete era algo visível, mas existem tantos e tantos outros coletes invisíveis que somos convidados a vestir ao longo das nossas vidas para "cabermos" em determinadas situações. Quantas vezes precisamos ser moldados para sermos mais bem percebidos pela sociedade?

Eu decidi que poderia abraçar meus novos moldes para moldar o ambiente onde estou. Encontrei diversas alternativas: fui líder da torcida, já que não poderia correr ou jogar; fui discursar e organizar os grupos, já que eu não era a pessoa mais forte da sala; cantei e olhei para as emoções, já que eu não poderia contar com a minha aparência física.

Seja de forma bruta ou suave, rápida ou lentamente, física ou mentalmente, você e eu estamos o tempo todo sendo moldados. Dia após dia, uma nova forma se aproxima, um novo colete nos abraça.

Enquanto este processo acontece conosco, ao mesmo tempo, e com a mesma força, também podemos encontrar caminhos para mudarmos nossas almas, nossas mentes, nossos amigos, nosso ambiente e o nosso mundo. E não é algo opcional. É assim, porque é assim que tem que ser. Essa é a mais forte, bruta, cruel, fascinante e apaixonante dinâmica da vida.

E aqui estamos nós, líderes de negócios de impacto, sendo moldados. Passamos meses e anos fazendo com que nossos valores pessoais se tornem ferramentas valiosas e essenciais. Resgatamos nossas motivações (às vezes do fundo do poço) para liderar e gerar impacto, criando uma rede de conexões que é, sem dúvida, poderosíssima.

O que temos em nossas almas e corações é resultado de todas essas transformações e "moldes" pelos quais passamos. Alguns de nós estão famintos, outros irritados, há quem esteja cheio de esperança ou de indignação, além daqueles que estão com medo de continuar. É possível, sim, abraçar essa dinâmica de transformações – que, cá entre nós, são inevitáveis – de uma maneira mais positiva.

Se, só por um momento, eu tivesse o privilégio de ser a porta-voz das tantas pessoas que trabalham pelo terceiro setor, gostaria de lembrá-las de dar uma resposta firme para essa força que insiste em nos moldar: "Oi, senhor Universo! Continue moldando nossas vidas da forma que achar melhor, mas saiba disso: nós lhe moldaremos de volta".

Fica aqui o meu mais profundo obrigada e minha eterna admiração àqueles que, diariamente, buscam a transformação da sociedade. Não há obstáculo que resista à nossa determinação.

SAIBA MAIS

Livros

Capitalismo consciente
O espírito heroico dos negócios.
Autores: John Mackey e Raj Sisodia.
Edição: Alta Books (2018).

Essencialismo
A disciplinada busca por menos.
Autor: Greg McKeown.
Edição: Sextante (2015).

Fundações, associações e entidades de interesse social
Aspectos jurídicos, administrativos, contábeis, trabalhistas e tributários.
Autor: José Eduardo Sabo.
Edição: Forense (2021).

How to Start a Non-Profit Organization
A Comprehensive Beginner's Guide to Learn the Basics and Important Steps of Setting Up a Good Non-Profit Organization.

Autor: Gregory Becker.
Edição: Publicação independente (2020).

S.O.S ONG

Guia de gestão para organizações do terceiro setor.
Autor: José Alberto Tozzi.
Edição: Gente (2015).

GARRA

O poder da paixão e da perseverança.
Autor: Angela Duckworth.
Edição: Intrínseca (2016).

ONG sustentável

O guia para organizações do terceiro setor economicamente prósperas.
Autor: José Alberto Tozzi.
Edição: Gente (2017).

Planejamento circunstancial

Economia Social – Terceiro Setor.

Autora: Maria Cecília Medeiros de Farias Kother.
Edição: EdiPUCRS (2008).

Programas e instituições de apoio

Endeavor
Rede dos empreendedores à frente das scale-ups que mais crescem no mundo.
Confira todas as informações em: www.endeavor.org.br.

Programa da Universidade de Columbia para líderes globais de negócios sem fins lucrativos
Disponível em: https://www8.gsb.columbia.edu/socialenterprise/execed/dlp.

Sebrae
Desde 1972 capacita e promove o desenvolvimento dos pequenos negócios de todo o Brasil. Diversas informações e cursos disponíveis no site: www.sebrae.com.br.

Artigos

Administração de Fundações
Artigo de Maria Cecília M.F. Kother.
Publicação: Revista FIJO Fundações (1995).

A "construção" do terceiro setor no Brasil: da questão social à organizacional
Artigo de Marcelo Gustavo Aguilar Calegare e Nelson Silva Junior.

Publicação: Revista Psicologia e Política (Associação Brasileira de Psicologia Política), São Paulo, v. 9, n. 17 (2009).

Disponível em: http://pepsic.bvsalud.org/scielo.php?script=sci_arttext&pid=S1519-549X2009000100009&lng=pt&nrm=iso.

As organizações não-governamentais (ONGs) de atenção à criança e ao adolescente em Natal/RN: contribuição na garantia de direitos?
Dissertação de Lanissa Cristina F. de Medeiros Carvalho.

Publicação: Dissertação de mestrado defendida em 2008 na Universidade Federal do Rio Grande do Norte (UFRN).

Disponível em: https://repositorio.ufrn.br/bitstream/ 123456789/17875/1/LanissaCFMC.pdf.

Legislação

Brasil. Código Civil Brasileiro
Disponível em: http://www.planalto.gov.br/ccivil_03/ leis/2002/l10406compilada.htm.
BRASIL. Lei n. 10.406, de 10 de janeiro de 2002. Institui o Código Civil. Diário Oficial da União: seção 1, Brasília, DF, ano 139, n. 8, p. 1-74, 11 jan. 2002.
Disponível em: https://legislacao.presidencia.gov.br/ atos/?tipo=LEI&numero=10406&ano=2002&ato=ac-5gXVE5ENNpWT07a.

BRASIL. Lei n. 14.133, de 1º de abril de 2021. Lei de Licitações e Contratos Administrativos. Secretaria-Geral – Subchefia para Assuntos Jurídicos.
Disponível em: http://www.planalto.gov.br/ccivil_03/_ ato2019-2022/2021/lei/L14133.htm.

Instituições citadas nesta obra

Amcham – Câmara de Comércio Americana

Uma Câmara Americana integrando o Brasil inteiro, rumo a uma nova era de negócios

A Amcham vai muito além de uma típica câmara de comércio. Ela integra empresas brasileiras e internacionais em um ambiente que extrapola fronteiras na geração de conteúdo, disponibilizando também um completo e ativo de produtos e serviços empresariais.

Conheça mais em: www.amcham.com.br.

Baptista Luz Advogados Associados

Somos agentes de transformação do ecossistema jurídico, usando o direito e as leis como instrumentos para promover a inovação e o desenvolvimento da sociedade.

Conheça mais em: www.baptistaluz.com.br.

Gerando Falcões

Somos um ecossistema de desenvolvimento social que atua em rede para acelerar o poder de impacto de líderes de favelas de todo país que possuem um sonho em comum: colocar a pobreza das favelas no museu.

Nosso foco são iniciativas transformadoras, capazes de gerar resultados de longo prazo. Entregamos serviços de educação, desenvolvimento econômico e cidadania em territórios de favela e executamos programas de transformação sistêmica em comunidades, como o Favela 3D.

Conheça mais em: www.gerandofalcoes.com.

Instituto Ayrton Senna

Uma organização sem fins lucrativos que tem o objetivo de dar a crianças e jovens brasileiros oportunidades de desenvolver seus potenciais por meio da educação de qualidade.

Conheça mais em: www.institutoayrtonsenna.org.br.

Pacto Global

Pacto Global é uma chamada para as empresas alinharem suas estratégias e operações aos Dez Princípios universais nas áreas de Direitos Humanos, Trabalho, Meio Ambiente e Anticorrupção e desenvolverem ações que contribuam para o enfrentamento dos desafios da sociedade. É hoje a maior iniciativa de sustentabilidade corporativa do mundo, com mais de 16 mil participantes, entre empresas e organizações, distribuídos em 70 redes locais, que abrangem 160 países.

Conheça mais em: www.pactoglobal.org.br.

Prospectiva

Conheça mais em: https://www.prospectiva.com/.

Desde 2022, a Prospectiva apoia seus clientes a navegarem no mercado de políticas públicas e regulações. A empresa conta hoje com + de 80 colaboradores distribuídos pelo Brasil e pela América Latina.

Sistema S

Termo que define o conjunto de organizações das entidades corporativas voltadas para o treinamento profissional, assistência social, consultoria, pesquisa e assistência técnica, que além de terem seu nome iniciado com a letra S, têm raízes comuns e características organizacionais similares.

Senai – Serviço Nacional de Aprendizagem Industrial (https://sp.senai.br/).

Sesc – Serviço Social do Comércio (https://www.sescsp.org.br/).

Sesi – Serviço Social da Indústria (https://www.sesisp.org.br/).

Senac – Serviço Nacional de Aprendizagem do Comércio (https://www.sp.senac.br/).

Senar – Serviço Nacional de Aprendizagem Rural (https://cnabrasil.org.br/senar).

Sescoop – Serviço Nacional de Aprendizagem do Cooperativismo (https://www.ocb.org.br/sescoop).

Sest – Serviço Social de Transporte (https://www.sestsenat.org.br/home).

TETO

Uma ONG que trabalha pela construção de um país justo e sem pobreza, mobilizando voluntários e voluntárias para atuar lado a lado de moradores e moradoras em comunidades precárias de diferentes estados e regiões. Juntos, constroem soluções concretas e emergenciais que proporcionam melhorias nas condições de moradia e habitat desses territórios.

Conheça mais em: www.teto.org.br.

AGRADECIMENTOS

Até meus agradecimentos precisarão ser bem administrados para garantir que sejam justos com cada tipo de suporte que recebi ao longo do processo de escrita deste livro.

Ao meu marido, pelo suporte diário, tarefas compartilhadas e a oportunidade de construção deste pilar tão importante que é a nossa família.

Aos meus pais, pelo amor e pela dedicação diária à nossa família. Às minhas irmãs, pela jornada compartilhada e vivência, que é uma base forte da minha história.

Aos meus amigos que puderam acompanhar tantas transformações ao longo desta carreira tão diversa.

Aos diretores e conselheiros do IAB, pela confiança depositada, por acreditarem nos meus sonhos e na minha forma de trabalhar.

Aos meus sócios e conselheiros do ALADAS e ABRAPHEM, que foram os primeiros a dar asas e espaço para que meu trabalho fosse múltiplo.

Ao time do IAB, por me dar o privilégio do tempo para gerir, crescer, pensar e evoluir. Em especial Luciana e Natally, que tornam concretos os conceitos e me dão a base essencial para seguirmos em frente.

E, é claro, meu enorme agradecimento a todos que contribuíram e me inspiraram ao longo dos capítulos, estes que são meus companheiros de luta, meus pares e líderes em seus negócios: Bruno Brandão, Camila Jordan, Carlo Pereira, Deborah Vieitas, Edu Lyra, Ewerton Fullini, Felipe Santiago Velasco, Luciana Oliveira, Pedro Ramos, Ricardo Sennes e Valmir Augusto.

©2022, Pri Primavera Editorial Ltda.

©2022, by Cris Camargo

Equipe editorial: Lu Magalhães, Larissa Caldin e Manu Dourado
Preparação: Rebeca Lacerda
Revisão: Gabrielle Carvalho
Projeto gráfico e diagramação: Manu Dourado
Capa: Nine Editorial

Dados Internacionais de Catalogação na Publicação (CIP)
(Câmara Brasileira do Livro, SP, Brasil)

Camargo, Cris
  Sua causa merece mais : como gerir negócios sem fins lucrativos de maneira ética, eficiente e sustentável / Cris Camargo. -- São Paulo : Primavera Editorial, 2022.
  256 p.

ISBN 978-85-5578-105-6

1. Associações sem fins lucrativos – Administração
I. Título

22-1567   CDD 658.048

Índices para catálogo sistemático:

1. Associações sem fins lucrativos – Administração

PRIMAVERA
EDITORIAL

Av. Queiroz Filho, 1560 - Torre Gaivota Sl. 109
05319-000 – São Paulo – SP
Telefone: (55 11) 3034-3925
(55 11) 99197-3552
www.primaveraeditorial.com
contato@primaveraeditorial.com

Todos os direitos reservados e protegidos pela lei 9.610 de 19/02/1998. Nenhuma parte desta obra poderá ser reproduzida ou transmitida por quaisquer meios, eletrônicos, mecânicos, fotográficos ou quaisquer outros, sem autorização prévia, por escrito, da editora.